Die Digitalisierung und der Faktor Mensch

Anna-Maria Krebs • Oliver Gollanek

Die Digitalisierung und der Faktor Mensch

Stimmungsbilder, Erwartungen, bislang Unausgesprochenes – mit 10 Take-aways für Projektleiter in der Verwaltung

Mit Illustrationen von Michael H. Krebs

Anna-Maria Krebs
Senatsverwaltung für Bildung
Jugend & Familie
Berlin, Deutschland

Oliver Gollanek
Senatsverwaltung für Bildung
Jugend & Familie
Berlin, Deutschland

ISBN 978-3-658-27991-2   ISBN 978-3-658-27992-9 (eBook)
https://doi.org/10.1007/978-3-658-27992-9

Die Deutsche Nationalbibliothek verzeichnet diese Publikation in der Deutschen Nationalbibliografie; detaillierte bibliografische Daten sind im Internet über http://dnb.d-nb.de abrufbar.

Springer Gabler
© Springer Fachmedien Wiesbaden GmbH, ein Teil von Springer Nature 2020
Das Werk einschließlich aller seiner Teile ist urheberrechtlich geschützt. Jede Verwertung, die nicht ausdrücklich vom Urheberrechtsgesetz zugelassen ist, bedarf der vorherigen Zustimmung des Verlags. Das gilt insbesondere für Vervielfältigungen, Bearbeitungen, Übersetzungen, Mikroverfilmungen und die Einspeicherung und Verarbeitung in elektronischen Systemen.
Die Wiedergabe von allgemein beschreibenden Bezeichnungen, Marken, Unternehmensnamen etc. in diesem Werk bedeutet nicht, dass diese frei durch jedermann benutzt werden dürfen. Die Berechtigung zur Benutzung unterliegt, auch ohne gesonderten Hinweis hierzu, den Regeln des Markenrechts. Die Rechte des jeweiligen Zeicheninhabers sind zu beachten.
Der Verlag, die Autoren und die Herausgeber gehen davon aus, dass die Angaben und Informationen in diesem Werk zum Zeitpunkt der Veröffentlichung vollständig und korrekt sind. Weder der Verlag, noch die Autoren oder die Herausgeber übernehmen, ausdrücklich oder implizit, Gewähr für den Inhalt des Werkes, etwaige Fehler oder Äußerungen. Der Verlag bleibt im Hinblick auf geografische Zuordnungen und Gebietsbezeichnungen in veröffentlichten Karten und Institutionsadressen neutral.

Springer Gabler ist ein Imprint der eingetragenen Gesellschaft Springer Fachmedien Wiesbaden GmbH und ist ein Teil von Springer Nature.
Die Anschrift der Gesellschaft ist: Abraham-Lincoln-Str. 46, 65189 Wiesbaden, Germany

Inhaltsverzeichnis

PROLOG – Der Auftrag   1

Erster Akt – Erste Szene: Der Auftrag, A und O sind ratlos   3

Erster Akt – Zweite Szene: Was wir wissen wollen – Das Interview   7

Erster Akt – Dritte Szene: Wir „basteln" uns die Interviewpartner   9

Zweiter Akt – Erste Szene: Die Interviews   13
    Andrea – 59, studierte Mathematikerin, Referatsleiterin   14
    Bernd – 38, Selbstständiger Betreiber einer Currywurstbude   25
    Janine – 36 Jahre, freiberufliche Journalistin   34
    Fred – 62, Mitarbeiter einer Poststelle in der öffentlichen Verwaltung   49
    Beatrice – 38 Jahre – Verwaltungsangestellte im Jugendamt, zurzeit im Mutterschutz   57

Tommy – 62, Taxifahrer ... 66
Nicole – 26 Jahre, Assistentin der Geschäftsführung eines mittelständischen Beratungsunternehmens ... 71
Volker – 52, ehemaliger Lehrer, IT-Fachverfahrensverantwortlicher im Bildungsministerium ... 81
Petra – 40 Jahre, Pressesprecherin in einer Berliner Senatsverwaltung ... 88
Siggi – 45, Informationssicherheitsbeauftragter eines großen Landesministeriums ... 98
Paula, 40 Jahre alt, Politikerin und Mitglied des Abgeordnetenhauses ... 103
KI – 747 Tage, Selbstlernende Software einer großen deutschen Hochschule ... 112

Dritter Akt ... 117
Erste Szene – Die Erlösung ... 117
Zweite Szene – Das Fazit ... 127
Dritte Szene – Merkzettel für Digitalisierungsprojekte ... 131

Der Fragebogen ... 139

Literatur ... 147

Über die Autoren

Anna-Maria Krebs Leiterin der IT-Steuerung der Senatsverwaltung für Bildung, Jugend und Familie in Berlin, ist verantwortlich für die strategische Planung der Digitalisierung der Verwaltungsaufgaben und seit Mitte der 1980er-Jahre in der Entwicklung von Informations- und Kommunikations-Systemen in unterschiedlichen Branchen zuhause.

Oliver Gollanek Jahrgang 1973, IT-Security-Native, hantiert seit über 30 Jahren mit dem Thema IT-Sicherheit in all seinen Facetten und ist als Verwaltungsbeamter trotzdem der Informationssicherheitsbeauftragte der Berliner Senatsverwaltung für Bildung, Jugend und Familie.

Der Illustrator

Michael H. Krebs Facharzt für Allgemeinmedizin und Naturheilkunde im Ruhestand, hat nun Zeit für seine Hobbies Schweißen und Zeichnen.

PROLOG – Der Auftrag

Fakten – das EGovG Bln

Gesetz zur Förderung des E-Government (E-Government-Gesetz Berlin – EGovG Bln) fordert in § 7 Elektronische Akten

(1) Die Berliner Verwaltung führt ihre Akten spätestens ab dem 1. Januar 2023 elektronisch. Hierbei ist durch geeignete technisch-organisatorische Maßnahmen nach dem Stand der Technik sicherzustellen, dass die Grundsätze ordnungsgemäßer Aktenführung und die für die Berliner Verwaltung geltenden Standards, auch im Hinblick auf Datenschutz und Datensicherheit, eingehalten werden. (…)

Irgendwo in einem Büro einer öffentlichen Verwaltung
Vor dem Hintergrund und mit dem Eindruck der letzten Sitzung der Arbeitsgruppe Digitalisierung sitzen Frau A und Herr O wieder bei einer amtlichen Tasse Kaffee zusammen und diskutieren die Frage: Wie passen Digitalisierung und Menschen zusammen?

Im privaten Alltag passt das alles gut zusammen. Ohne Smartphone wären die meisten mittlerweile verloren, denn wir steuern unseren Alltag fast schon intuitiv damit. Wir bedienen uns ganz selbstverständlich aller

Funktionen, die uns das Leben leichter machen. Über Sicherheit machen wir uns nur wenig Gedanken. Die Firewall wird uns schon schützen. Je nachdem wie und mit welchen Regeln wir sie füttern. Wir bestimmen ja selber, wie weit wir uns abschirmen und welchen Zugriff von außen wir zulassen.

Was aber bedeutet Digitalisierung im Beruf, speziell im Arbeitsalltag einer öffentlichen Verwaltung? Hier tickt die Welt noch ein wenig anders. Wir haben uns an Verwaltungsvorgänge gewöhnt. Bitte nichts ändern. Ein Vermerk gehört in eine rote, grüne oder gelbe Mappe und geht genau den Weg, den die Zeichnungskette vorgegeben hab. Ganz analog versteht sich! Was aber, wenn genau das sich ändern soll. Wenn die bekannten Prozesse plötzlich neue Wege gehen. Was macht das mit den Menschen. Um das herauszufinden, wollen wir Befragungen durchführen. Dieses Mal steht der Mensch im Mittelpunkt. Das Motto lautet:

Wie sehen die Menschen die digitale Transformation des öffentlichen Dienstes und wie agieren die Menschen in der digitalen Welt?

Erster Akt – Erste Szene: Der Auftrag, A und O sind ratlos

Fakten – das Persona Konzept (Jenzowsky 1996)

Das Persona-Konzept bietet die Grundlage zur Bildung fiktiver Charaktere, die vielfältige Merkmale in sich vereinen, wie z. B. Alter, Geschlecht, Beruf, Werte, Lebensziele und Bildungsstand. Die verschiedenen Merkmale, die einer Persona zugeordnet werden, basieren in der Regel auf Milieukenntnis, persönlicher Erfahrung oder schlichtweg auf Empathie. Mit anderen Worten, eine Persona ist zwar eine fiktive Figur, aber mit so vielen Eigenschaften ausgestattet, die für die Forschung notwendig sind, um bestimmte Ergebnisse zu erzielen oder auch Wissen und Erfahrung zu erheben. Ein aussagefähiges Konzept für Personas ist nicht mal eben so erstellt. Daher ist es legitim, spekulative Personen zu verwenden. Einsatzbereiche solcher Konzepte sind Produktentwicklung und Marketing. Wir haben uns dieses Vorgehen abgeschaut[1] und real erscheinende Lebensläufe von Personen entwickelt, die uns für unsere Interviews wichtig waren. Lebenserfahrung, Umfeldanalyse und Anleihen aus dem wirklichen Leben haben uns dabei geholfen. Doch möchten wir ausdrücklich betonen, dass alle Figuren rein fiktiv sind.

---

[1] Zum Beispiel hier: https://www.mindshape.de/kompetenzen/website-optimierung/website-konzeption/persona-konzept.html.

Der Kaffee ist mittlerweile kalt geworden. Frau A und Herr O starren etwas hilflos vor sich hin. Vor ihnen liegt der Auftrag, herauszufinden, wie die Menschen im Umfeld der öffentlichen Verwaltung das Thema Digitalisierung der Verwaltung in der Innen- und Außendarstellung erleben und wie sie damit umgehen. Die Informationen dazu sollen in Form strukturiert geführter Interviews erhoben werden, die nach der Auswertung ein Gesamtbild ergeben sollen.

A: Tolles Thema! Was soll das werden, wen sollen wir denn befragen?
O: Na ja, Menschen eben, Tiere können wir nicht verstehen – noch nicht.
A: Was meinst Du mit „noch nicht"?
O: Warten wir doch mal ab, was uns die digitale Welt noch so beschert. Aber Spaß beiseite. Wir sollten uns erst einmal Gedanken machen, was wir wissen wollen.
A: Na das ist doch einfach.
O: Ja?
A: Ist die Verwaltung mit ihren Digitalisierungsstrategien und Trends auf dem richtigen Weg und wird sie jemals ans Ziel kommen. Was macht sie mit unserer Arbeit und werden wir morgen überhaupt noch gebraucht.
O: Wie meinst du das?
A: Ich sage nur Online-Bürgerdienste. Keiner muss mehr ins „Amt", alles geht von zu Hause aus und durch den Einsatz von digitalen Verfahren, erledigen sich die Angelegenheiten automatisch. Der Einsatz künstlicher Intelligenz – sogenannten selbstlernenden Systemen – ist auch in der Verwaltung angekommen.
O: Das habe ich verstanden. Aber zurück zu deiner Frage, wen sollen wir denn befragen?
A: Wir denken uns die Interviewpartner selber aus!
O: Spinnst Du?
A: Vielleicht. Aber denk' doch mal nach. Wir haben sechs Wochen Zeit und wir haben nicht einmal einen vernünftigen Interviewleitfaden. Wenn wir wirklich etwas produzieren wollen, was Hand und Fuß hat, sollten wir uns auf unsere Erfahrungen konzentrieren.

O: Auf das „vielleicht" komme ich sicher später noch zurück. Wie willst du das denn seriös darstellen?
A: Ganz einfach. Hast du schon einmal was vom *Persona-Konzept* gehört? Ist in der Werbung und der Produktentwicklung gang und gäbe.
O: Nee, erklär mal. Und wenn es geht, bitte mit weniger als 25 Wörtern.
A: Wir definieren eine Zielgruppe, die wir interviewen wollen. Dann nehmen wir persönliche Erfahrungen, bereits gemachte Umfragen, recherchieren ein wenig im Internet und alles was wir sonst noch finden. Dann basteln wir uns den gewünschten Querschnitt und erstellen Persönlichkeiten mit „echten" Lebensläufen, Ansichten und Meinungen.
O: Das ist doch Fake! Trumpstyle. Damit verspielen wir das letzte bisschen Glaubwürdigkeit. Damit muss man in Berlin immer vorsichtig sein. Der Vorrat ist diesbezüglich reichlich erschöpft.
A: Ja und nein. Unsere Interviewpartner sind zwar eher virtuell vorhanden. Während wir die Interviews „führen", versetzen wir uns in unsere Figuren und deren Ansichten und beschreiben dann die Persönlichkeit dieser Person nachträglich. Du wirst sehen, das funktioniert.
O: Darüber muss ich erst einmal nachdenken.
A: Gut, machen wir eine Pause. Ich mache mal einen ersten Entwurf.
O: Soll ich dir einen Kaffee besorgen?
A: Nee, danke, hatte ich schon.
O: *(Verlässt den Raum. Nach einer halben Stunde kommt er wieder.)*
A: Hast du über meinen Vorschlag nachgedacht?
O: Ja, bin aber noch nicht sicher, ob das wirklich funktioniert.
A: Schau mal, so könnte es aussehen. Ich habe da ein Formular im Internet gefunden, das funktionieren könnte. *(A hält O ein Blatt vor die Nase.)*
O: Und wie geht es weiter?
A: So genau weiß ich das jetzt auch nicht. *(Sie schaut ein wenig hilflos zu O hinüber.)*
O: Gib mir mal das Formular. *(Er schaut auf das Blatt und überlegt. So könnte es gehen, murmelt er vor sich hin.)*

Persona-Konzept Vorlage für die Interviewpartner „Digitalisierung und der Faktor Mensch"

Bild	Persönliches Zitat, das diese Person näher beschreibt	
	Biografie (soziographische Daten), Beruf Freizeit, Hobbies, Freunde, berufliche Ziele	Ablehnende Aspekte zur Digitalisierung
Name Alter Personenstand Beruf		
		Zustimmende Aspekte zur Digitalisierung
	Persönliche Motive	

A: Und, was meinst du?
O: Ich habe eine Idee. Wir schreiben erst einmal auf, was wir wissen wollen. Dann stellen wir uns die Gruppe zusammen, die wir interviewen wollen. Dafür eignet sich deine Vorlage ganz gut.
A: Sie eignet sich hervorragend.
O: Wie du meinst.
A: Dann mal los.
O: Aber nicht mehr heute.
A: Gut, dann bis morgen.

Erster Akt – Zweite Szene: Was wir wissen wollen – Das Interview

A: Was wollen wir eigentlich wissen?
O: Das ist jetzt nicht dein Ernst.
A: So meine ich das nicht. Es gibt doch so viele verschiedene Aspekte.
O: Aber ja. Jetzt hast du es kapiert. Das Interview soll genau das widerspiegeln. Wie fühlt sich der Mensch in der digitalen Welt im Allgemeinen und in der öffentlichen Verwaltung im Besonderen. Da spielt alles eine Rolle.
A: Okay, ich zähle mal auf: Nutzung digitaler Medien im Alltag privat und beruflich/Einschätzung der eigenen Position/Die Entwicklung der letzten – sagen wir mal – 10 Jahre.
O: Einflüsse auf die Bildung
A: Veränderung
O: Veränderung von was?
A: Naja, allem?
O: Zu allgemein, das wird dann schwammig.
A: Politischer Wille und der Einfluss auf die Arbeit, bzw. den Menschen.
O: Was soll das denn?
A: Na, schau dir doch hier mal die politischen Strategien der letzten Jahre an. Da wurde doch alle zwei Jahre eine andere Sau durch das politische Dorf getrieben, ohne dass die vorherige Sau den Stall gefunden hat.

O: Können wir mal wieder zum Thema kommen. Wie soll der Fragebogen aussehen?
A: Hier schau dir meinen Entwurf an.

> **Die Digitalisierung und die Arbeitswelt**
> 5. In der Arbeitswelt und im Privatleben bestimmt die Digitalisierung viele Bereiche unseres Lebens. Wie ist Ihre Einschätzung: Bringt der digitale Wandel eher Chancen oder eher Risiken für die Gesellschaft mit sich?
> …. Digitaler Wandel bringt eher Chancen
> …. Digitaler Wandel bringt eher Risiken
> …. Beides gleichermaßen
>
> 6. Und wie stehen Sie persönlich dem zunehmenden Einsatz von Computern und dem Internet im beruflichen Alltag gegenüber?
> …Sehr positiv
> …Eher positiv
> …Eher negativ
> …Sehr negativ
> …Neutral/ ambivalent
>
> 7. Würden Sie sagen, dass Deutschland die Chancen des digitalen Wandels bereits ausreichend nutzt oder hat Deutschland hier noch Nachholbedarf?
> …Deutschland nutzt die Chancen des digitalen Wandels bereits ausreichend
> …Deutschland hat noch Nachholbedarf
> …Weiß nicht

O: Sieht gut aus.
A: Hast du noch Änderungswünsche?
O: Ich schau mir das in Ruhe an und wir machen morgen weiter.
A: Gut. Ich bin auch ziemlich müde.
O: Das sieht man.
A: Du bist und bleibst ein Charmebolzen.
O: Ich tue was ich kann.
A: Tschüss.

Erster Akt – Dritte Szene: Wir „basteln" uns die Interviewpartner

(Am nächsten Morgen)

O: Wenn wir verschiedene Leute befragen wollen, dann sollten wir uns abstimmen, damit am Ende nicht nur Kartoffelsalat mitgebracht wird.
A: Kartoffelsalat?
O: Ja. Und Wassermelonen.
A: Ich verstehe nur Bahnhof.
O: Das ist eine lange Geschichte. Bzw. eine alte. Ist aber unwichtig. Wen interviewen wir denn jetzt?
A: Differenziert muss es sein, möglichst viele Perspektiven.
O: 100?
A: Das wäre sicher zu viel des Guten. Vielleicht 10, 12 oder so.
O: Das muss ja am Ende auch alles jemand lesen.
A: Ja, du zum Beispiel.
O: Klar. Immer auf die kleinen Dicken. Wir können ja auch erst einmal Perspektiven zusammentragen und dann zählen.
A: Gute Idee. Wir machen ein Brainstorming.
O: Na, wenn das mal kein laues Lüftchen wird bei dir.

A: (zieht die Augenbrauen hoch und schaut drohend)
O: Bin schon still, dann stürm' doch mal voran. Wir machen das einfach agil und legen einen Sprint hin. Immer abwechselnd, bis einem nichts mehr einfällt.
A: Das könnte klappen. Du beginnst.
O: Nein. Du.
A: Nein. Du!
O: (legt den Kopf schief) Ernsthaft jetzt?
A: Ich schinde doch nur Zeit.
Ok: Also doch ein Lüftchen.
A: Jetzt ist aber gut!
O: Na dann ... losgelegt:
A: Ok, warte ... gleich ... natürlich. Als erstes fragen wir die Politik. Einen Staatssekretär.
O: Gut! Aber für das Manuskript wird dann eine Staatssekretärin daraus. Dann können wir Ähnlichkeiten leichter abstreiten.
A: Deal. Jetzt du.
O: Volkes Stimme. Einen Taxifahrer. Die haben immer ein Ohr am „Markt" und dann auch eine Meinung.
A: Hahaha. Ja.
O: Und weiter?
A: Eine Führungskraft aus der Verwaltung.
O: Welche Ebene?
A: Ich fange einfach oben an. Nehmen wir einen Abteilungsleiter.
O: Ist notiert. Ich mache weiter mit der schreibenden Zunft. Eine Journalistin.
A: Läuft doch jetzt. Ich möchte noch die Meinung von jemandem aus der Verwaltung. Eine Person, die für ein IT-Fachverfahren verantwortlich ist.
O: Sehr gut. Und dann noch einen Nutzer. Einen normalen Beschäftigten.
A: Du sagst jetzt aber nicht, dass Verfahrensverantwortliche keine normalen Menschen sind?
O: Das würde ich niemals behaupten. Jedenfalls nicht pauschal.
A: (schaut fragend)
O: Das ist alles nur Statistik. In jeder sozialen Gruppe herrscht eine bestimmte Verteilung.

(O hält Monolog über Idiotendichte, wurde aber weglektoriert)

A: Apropos ... einen waschechten Politiker hätte ich gern noch dabei. Am besten einen aus dem Parlament. Die haben auch immer eine Meinung.

O: Na gut. Wenn das ein Argument ist, dann interviewe ich einfach dich.

A: Untersteh dich.

O: Doch, das meine ich ernst. Wer, wenn nicht die IT-Leiterin eines Landesministeriums kann das alles denn am besten beurteilen?

A: Vielleicht ein Informationssicherheitsbeauftragter? Der steckt doch auch überall Nase und Finger rein.

O: Das ist rein rollenspezifisches Verhalten.

A: Aber wir sollten uns tatsächlich gegenseitig interviewen. Das geht erstens schnell und zweitens ergibt es tatsächlich Sinn. Unsere Rollen sind eben wirklich wichtig.

O: Soso. Da habe ich aber auch schon anderes gehört.

A: Jaja. Aber wir sind ja hier unter uns.

O: *(schaut fragend ins „Publikum")*

A: Jedenfalls fast.

O: Ich habe „wichtige Rollen" notiert. Dann wissen wir später, dass wir uns gemeint haben.

A: Sehr gut. Und zum krönenden Abschluss sprechen wir noch mit einer historischen Person.

O: Bitte?

A: Mit Maria Stuart zum Beispiel.

O: *(setzt seinen „hast du geraucht?"-Blick auf)*

A: Na ein fiktives Interview. Wir konfrontieren einfach eine historische Person mit unseren Fragen zur Digitalisierung und schauen, was sich ergibt.

O: Und das bringt uns genau was?

A: In erster Linie ist das witzig.

O: Aha. *(ganz trocken)*

A: Doch. Lass mich das nur machen. Du wirst sehen.

O: Die Spannung steigt ins Unermessliche.

A: Das wird der Knaller. Am Ende lernen wir daraus noch am meisten.

O: Dann bleib bei Maria Stuart. Die hatte damals schon Probleme mit der Verschlüsselung.
A: Hä?
O: Jep. Ihre Gegenspieler haben ihre Verschlüsselung geknackt und dann mit einem Man-In-The-Middle-Angriff dafür gesorgt, dass sie sich verraten hat und dafür dann entsprechend bestraft wurde.
A: Die wurde geköpft, oder?
O: Ja. Was man seinerzeit eben für angemessen gehalten hat.
A: Ziemlich drastisch.
O: Da wollte wohl jemand dafür sorgen, dass die Angelegenheit finalisiert wird. Eben endgültig.
A: Vielleicht fällt mir ja noch jemand besseres ein. Hegel zum Beispiel.
O: Du und dein Hegel.
A: *(lächelt still und weise)*
O: *(schaut erwartungsvoll)*
A: Wann geht es los?
O: Wir brauchen noch die Fragen.
A: Natürlich. Das sollte kein Problem sein.
O: Danke für das Angebot. Das nehme ich gerne an. Treffen wir uns morgen wieder? Und stellst deine Arbeitsergebnisse vor?
A: So war das jetzt aber nicht gemeint.
O: Sehr gut. Wieder gegen 17 Uhr? Das würde mir am besten passen.
A: Hrmpf!
O: Dann bis morgen.

Zweiter Akt – Erste Szene: Die Interviews

Inhalts

Andrea – 59, studierte Mathematikerin, Referatsleiterin	14
Bernd – 38, Selbstständiger Betreiber einer Currywurstbude	25
Janine – 36 Jahre, freiberufliche Journalistin	34
Fred – 62, Mitarbeiter einer Poststelle in der öffentlichen Verwaltung	49
Beatrice – 38 Jahre – Verwaltungsangestellte im Jugendamt, zurzeit im Mutterschutz	57
Tommy – 62, Taxifahrer	66
Nicole – 26 Jahre, Assistentin der Geschäftsführung eines mittelständischen Beratungsunternehmens	71
Volker – 52, ehemaliger Lehrer, IT-Fachverfahrensverantwortlicher im Bildungsministerium	81
Petra – 40 Jahre, Pressesprecherin in einer Berliner Senatsverwaltung	88
Siggi – 45, Informationssicherheitsbeauftragter eines großen Landesministeriums	98
Paula, 40 Jahre alt, Politikerin und Mitglied des Abgeordnetenhauses	103
KI – 747 Tage, Selbstlernende Software einer großen deutschen Hochschule	112

Vorspiel
A und O sitzen beisammen und bereiten sich auf die anstehenden Interviews vor.

O: Ich habe mir den Fragebogen genau angesehen und für gut befunden.
A: Da bin ich aber froh. Jede Form von Kritik verbiete ich mir jetzt auch, nachdem ich mir die halbe Nacht um die Ohren gehauen habe, damit er rechtzeitig fertig wird und wir heute unsere Interviews beginnen können.
O: Ich hätte da nur noch einen kleinen Änd ….
A: Nein!
O: … derungswunsch. Können wir die demografischen Daten an den Schluss setzen, da kriegen wir schneller die Kurve am Ende.
A: Glück gehabt. Ja, das ist kein Problem, dafür muss ich jetzt nichts mehr ändern. Wann du fragst, ob männlich oder weiblich, mir gleich. Auf geht's …

Andrea – 59, studierte Mathematikerin, Referatsleiterin

O: Warum hast du dir Andrea ausgewählt? Sie passt doch irgendwie gar nicht in unser Schema.
A: Eben drum. Ich mag sie, außerdem … *(lächelt etwas verlegen)* … kommt mir ihr Lebenslauf bekannt vor.
O: Na, dann lass mal hören.
A: Sie hat unseren Fragebogen sehr gewissenhaft ausgefüllt. Als Vertreterin der Wirtschaft ist sie ideal. Sie ist 59 Jahre alt und hat aufgrund ihres Werdegangs sowohl die private Wirtschaft als auch die öffentliche Verwaltung als Lehrerin (wenn auch nur kurz) kennengelernt. Als studierte Mathematikerin startete sie ihre Karriere in einer Unternehmensberatung als Wirtschaftsmathematikerin im Controlling. Sie machte Karriere. Dies gelang kurzfristig, bis sie ihren Mann traf. Zwei Karrieren funktionierten nicht. Daher hat

sie zunächst als Lehrerin gearbeitet. Später nach einem Unfall und langer Auszeit ging sie wieder in die öffentliche Verwaltung, als Referatsleiterin für Personal und Finanzen einer Senatsverwaltung.

Nach der Trennung von ihrem Mann entdeckte sie ihre Liebe für das Theater und erarbeitete sich einen neuen Freundeskreis.

In der Rubrik „Ablehnende Aspekte zur Digitalisierung" unseres Personenbogens schreibt sie, dass die Digitalisierung das Leben derart beschleunigt, dass man schon einmal die Übersicht verliert und Fehler macht. Allein die Flut von E-Mails jeden Tag verlangen nach schnellen Antworten. Hier werden oft die Grenzen des Erträglichen überschritten. Auch die oft nur noch elektronische Bearbeitung von Anträgen, Bewerbungen etc. lassen die menschliche Komponente vermissen. Aber sie hat auch Versöhnliches zu sagen: Sowohl im beruflichen als auch im privaten Bereich bringt die Digitalisierung Erleichterungen, z. B. schnell Theaterkarten online auch für denselben Tag kaufen zu können, unterstützen die Spontanität. Berufliche Recherchen werden durch Zugriffe auf externe Datenbanken beschleunigt. Das Open Data Konzept erleichtert vergleichende Analysen, die in ihrem beruflichen Alltag allgegenwärtig sind.

Ihr persönliches Motto „Lebe so, dass du dich jeden Morgen gerne in Spiegel betrachtest!" und ihr abwechslungsreiches Leben macht sie mir sympathisch.

O: Jetzt verstehe ich. Wie war denn das Interview?
A: Warte, ich habe noch etwas, was sie für unser Thema wertvoll macht. In der Vorbereitung habe ich noch erfahren, dass sie in ihrer Zeit bei der Unternehmensberatung insbesondere Projekte für die öffentliche Hand begleitet hat. Dann schreibt sie, dass sie es etwas ruhiger angehen lassen wollte. Zumindest hat sie das in der Vorbereitung als Grund angegeben, um in den öffentlichen Dienst zu gehen. Als Referatsleiterin für Personalwirtschaft und allgemeine Verwaltungsdienste einer großen Verwaltung sind jedoch immer noch jede Menge Überstunden zu bewältigen, die ihr kaum Zeit für ihre Hobbies lassen. Allerdings, sagt sie, muss sie nicht mehr quer durch die Republik fahren, um ihren Job zu erledigen.
O: Wie lebt sie heute?
A: Sie lebt von ihrem Mann getrennt, ist aber nicht geschieden. Kinder gibt es nicht. Ihre Affinität zur Technik hängt mit ihrem Sinn für Zahlen, Logik und mathematischer Präzision zusammen.
O: Jetzt bin ich gespannt.
A: Ich starte die Aufnahme.

Andrea's Glaubenssatz

Die meisten Kollegen vertrauen nur dem, was auf Papier gedruckt zwischen zwei Aktendeckeln liegt. Die elektronische Ablage ist ihnen nicht geheuer. Also verdoppelt sich die Tätigkeit Ablage, immer einmal elektronisch und einmal auf Papier. Das ist aber noch nicht alles. Viele Belege benötigen noch eine Unterschrift, doch die elektronische Signatur – in manchen Branchen schon gang und gäbe – spielt in der Verwaltung nur eine untergeordnete Rolle. Das erzeugt häufig Doppelarbeit.

Interview Andrea

A: Hallo Andrea, danke, dass es geklappt hat.
Andrea: Schönen Guten Tag, gern. Aber bitte sagen Sie mir doch noch einmal, was der Sinn hinter diesem Interview ist.
A: Der Schwerpunkt unserer Forschungsarbeit ist der soziologische und gesellschaftliche Aspekt der Digitalisierung und die

	Auswirkung auf die tägliche Arbeit, hier mit Schwerpunkt öffentliche Verwaltung im weitesten Sinne. Ziel ist es herauszufinden, wie sich unsere Lebensführung ändert und wie sie ggf. das Leben beeinflusst. Ihre Aufgabe als Referatsleiterin für Personal und allgemeine Verwaltung ist doch fast täglichen Veränderungen unterlegen. Da wird es für mich interessant, wie die zunehmende Digitalisierung ihr Privat und ihr Berufsleben verändert hat.
Andrea:	Na ja, so aufregend ist meine Arbeit jetzt nicht. Allerdings ist es so viel geworden, dass keine Langeweile aufkommt. Das liegt nicht nur am fehlenden Personal, sondern auch sicher an den teilweise sehr antiquierten Prozessen.
A:	Jetzt wird es schon spannend. Da möchte ich auch gerne anknüpfen. Könnten wir aber zunächst ein paar Angaben für die Basiserhebung abhaken?
Andrea:	Was wären wir ohne Statistik? (lächelt und nickt) Aber gerne.

Zum Einstieg: Das Internet

A:	Hier kommen die Fragen: Zunächst möchte ich gerne etwas über Ihr Nutzungsverhalten im Umgang mit elektronischen Medien – also Internet und Co. wissen. Seit wann nutzen Sie das Internet privat und beruflich?
Andrea:	Seit 1994.
A:	Wow, da haben Sie ja alles von Anfang an mitbekommen. Da bin ich auch bei der nächsten Frage: Wie häufig nutzen Sie das Internet beruflich.
Andrea:	Täglich, leider weniger die Inhalte als den Transportweg für sicheres Senden und sichere Zugriffe auf Verfahren.
A:	Und hat sich ihre Nutzungsdauer in den letzten Jahren verändert?
Andrea:	Selbstverständlich. Allein durch die technische und wirtschaftliche Entwicklung.
A:	Sie meinen Flatrates? Nutzen Sie soziale Netzwerke für Ihre berufliche Kommunikation? Wenn ja, welche und wie oft.
Andrea:	Eher weniger, es gibt ein berufliches Netzwerk zum Thema Personalwirtschaft, da bin ich häufiger unterwegs im Netz, um mich auf dem Laufenden zu halten.

Die Digitalisierung und die Arbeitswelt

A: In der Arbeitswelt und im Privatleben bestimmt die Digitalisierung viele Bereiche unseres Lebens. Wie ist Ihre Einschätzung: Bringt der digitale Wandel eher Chancen oder eher Risiken für die Gesellschaft mit sich? Sie haben die Wahl zwischen bringt eher Chancen, bringt eher Risiken oder aber bringt beides gleichermaßen. Bitte begründen Sie kurz Ihre Wahl.

Andrea: Die Frage kann ich nicht so kurz beantworten. Nicht nur als Verwaltungshandelnde sehe ich, dass uns der digitale Wandel nicht nur Chancen gibt, sondern auch Risiken birgt.

A: Was meinen Sie damit?

Andrea: In allen Lebenslagen bietet uns die digitale Welt Chancen und Risiken. Das können sie nicht so einseitig abfragen. Aber auf den Beruf bezogen, sehe ich doch mehr Chancen als Risiken.

A: Würden Sie sagen, dass Deutschland die Chancen des digitalen Wandels bereits ausreichend nutzt oder hat Deutschland hier noch Nachholbedarf?

Andrea: *(Schaut etwas verlegen)* Wollen Sie eine ehrliche Antwort oder eine offizielle Antwort?

A: Äh, wie meinen Sie das?

Andrea: Na ja, nehmen wir doch mal die öffentliche Verwaltung. Es hat sich vieles getan, was der Öffentlichkeit nutzt. Nach außen hin stehen wir als Verwaltung schon ganz gut da. In meiner täglichen Arbeit sieht es jedoch ganz anders aus. Hier ist noch richtig Luft nach oben. Hier ist immer noch vieles analog.

A: Allerdings nicht die Post. Ich meine damit die elektronische Post.

Andrea: Na, wenn Sie meinen. In Wirklichkeit gibt es alles doppelt. Erst per E-Mail dann in Papier per Fachpost.

A: Ist doch toll. Dann sparen Sie Papier und brauchen es für die Akten nicht auszudrucken.

Andrea: *(Spielt ein wenig die Verzweifelte)* Jetzt werden Sie komisch.

A: Ok, ich nehme es zurück. Wie sieht es wirklich aus?

Andrea:	Es gibt zwar Programme und politische Parolen, doch macht jede Verwaltung eigentlich immer noch was sie will. Hunderte von Excel Sheets, wo ein einheitliches Verfahren Transparenz bringen könnte. Meistens gibt es für Veränderungen weder Geld noch Ressourcen. Das soll sich so nebenher digitalisieren. *(Andrea wirkt ein wenig verzweifelt)*
A:	Da ist wohl noch einiges zu tun. Kommen wir von der Nutzung zu einem weiteren Aspekt. Welche Qualifikationen und Fähigkeiten sind Ihrer Meinung nach in der Arbeitswelt von heute, bzw. morgen gefragt. Ich nenne Ihnen jetzt einige und Sie sagen mir bitte jeweils, ob diese sehr wichtig, wichtig, weniger wichtig oder unwichtig sind. *(A nennt die Begriffe aus dem Fragebogen)*
Andrea:	Gute Fachkenntnisse sind zu jeder Zeit wichtig, und Bildung schadet nicht. Technisches Verständnis ist von Vorteil, aber nicht unbedingt erforderlich. Es kommt ja doch mehr auf die fachliche Kompetenz an.
A:	Stichwort: Soziale Kompetenz.
Andrea:	In Bezug auf was? Kann ich hier so nicht einordnen.
A:	Ich jetzt gerade auch nicht. Machen wir weiter.
Andrea:	Gute Allgemeinbildung sollte jedem schon in der Schule vom Elternhaus mitgegeben werden.
A:	Flexibilität?
Andrea:	Wer heute nicht so flexibel ist, bleibt morgen auf der Strecke. Ist also sehr wichtig.
A:	Nach der Zufriedenheit mit Ihrem Arbeitsplatz muss ich Sie ja nicht fragen, oder?
Andrea:	Ich bin mit einem Arbeitsplatz sehr zufrieden, allerdings gibt es eine kleine Einschränkung, wenn der Pressespiegel online verteilt wird, wird das Netz auf einen Schlag vorrübergehend langsamer.
A:	Ah, da haben wir ja ein brandaktuelles Thema. Die Netzanbindung ist in Deutschland noch immer hinten an.
Andrea:	Ja, da mahlen die Verwaltungsmühlen. Aber nicht nur die. Ich bin keine Expertin auf diesem Gebiet, aber soweit ich

A: weiß, gibt es hier noch richtig viel zu tun, sowohl in der Politik als auch in der Wirtschaft. Hier stoßen Interessen aufeinander, wie sie unterschiedlicher nicht sein könnten.
A: Sie meinen, wirtschaftliches Interesse und politischer Wille.
Andrea: JA!
A: Das ist ein anderes Thema. Wir können gerne am Ende dieses Interviews noch einmal darauf zurückkommen.

Ich habe Ihnen gerade eine Reihe von Merkmalen in Bezug auf den Arbeitsplatz und seinen Aufgaben vorgelesen. Welche sind für Sie besonders wichtig und bewerten Sie in einem weiteren Schritt, ob diese Merkmale auch so auf Ihre Arbeit zutreffen.
Andrea: Puh, das wird jetzt ein wenig zeitraubend. Kann ich die Liste mal sehen?
A: Gerne.
Andrea: Das sind alles Merkmale, die ich auch auf meine Arbeit und Stellung beziehen kann. Ich möchte es hier kurz machen, es trifft alles irgendwie mehr oder weniger zu. Bitte haben Sie Verständnis, aber meine Zeit wird langsam knapp. Schreiben Sie einfach trifft eher zu, da haben Sie dann einen Durchschnitt, der ganz gut hinkommt.
A: Gut. Das können wir hier gerne so abkürzen. Dann komme ich noch zu etwas sehr Persönlichem. Damit kann ich bei der Auswertung ihre Antworten besser einschätzen.

Digitalisierung und persönliche Einschätzung

A: Kommen wir zum letzten Themenbereich, den wir gerne näher betrachten wollen: Digitalisierung und persönliche Einschätzung.

Wenn es um das Verhältnis von Erwerbstätigkeit und Freizeit bzw. Familie geht, welche der drei nachfolgenden Möglichkeiten passt am besten zu Ihnen persönlich?
   a. Arbeit steht für mich an erster Stelle.
   b. Arbeit ist zwar wichtig, aber Freizeit und Familie sind mir genauso wichtig.

	c. Arbeit hat für mich nur eine untergeordnete Bedeutung, Freizeit und Familie sind mir wichtiger.
Andrea:	Irgendwie zwischen A und B. Das ist ein wenig schwierig.
A:	Inwieweit erleben Sie die nachfolgenden Veränderungen bei Ihrer Arbeit durch die zunehmende Verwendung von Computern und Internet? Sie können jeweils mit trifft voll und ganz zu, trifft eher zu, trifft eher nicht zu, trifft überhaupt nicht zu antworten.
Andrea:	Können wir die Fragen ein wenig abkürzen?
A:	Das wäre schade. Wir sind schon so weit gekommen.
Andrea:	Natürlich beeinflusst die Digitalisierung der Arbeitswelt auch meine persönliche Situation. Aber das lässt sich nicht so einfach in Kategorien stecken. Ich möchte das ein wenig anders beschreiben.
A:	Einverstanden. Nutzen wir die restliche Zeit. Welche Einflüsse erleben Sie durch die Digitalisierung ihrer Arbeit und wie gehen Sie damit um?
Andrea:	Zunächst möchte ich noch eines vorausschicken. Die Digitalisierung der Verwaltung steckt an vielen Stellen noch in den Kinderschuhen. Der Grund dafür liegt oft an den gesetzten Prioritäten. Die ministerielle Arbeit läuft oft nebenher, vor allem wenn es sich um die sogenannten Querschnittaufgaben handelt. Das betrifft also insbesondere auch mein Aufgabengebiet. Es fehlt häufig an digitaler Kompetenz.
A:	Ist das als Vorwurf zu verstehen?
Andrea:	Nein. Es ist einfach nicht im Fokus. Das habe ich ja bereits erwähnt. Aber zurück zu Ihrer Frage: Ja, die Digitalisierung beeinflusst meine Arbeit. Positiv gesehen, lässt sich heute vieles einfacher und schneller erledigen. Die Prozesse sind klarer. Leider gilt das aber nicht immer. Häufig werden digitale Verfahren nicht zu Ende gedacht. Es gibt noch viele Medienbrüche, die die Aufgabenerledigung behindert. Dazu kommt der sogenannte „Beleg- und Dokumentationswahn".
A:	Was muss ich dann darunter verstehen?
Andrea:	*(lacht etwas verlegen.)*

	Naja, die meisten Kollegen vertrauen nur dem, was auf Papier gedruckt zwischen zwei Aktendeckeln liegt. Die elektronische Ablage ist ihnen nicht geheuer. Also verdoppelt sich die Tätigkeit „Ablage", immer einmal elektronisch und einmal auf Papier. Das ist aber noch nicht alles. Viele Belege benötigen noch eine Unterschrift doch die elektronische Signatur – in manchen Branchen schon gang und gäbe – spielt in der Verwaltung nur eine untergeordnete Rolle. Das erzeugt häufig Doppelarbeit.
A:	Wie sollte das geändert werden?
Andrea:	Mit jeder Umstellung auf digitales Handeln muss das Verständnis vorhanden sein, warum sich Aufgabenerledigung und Organisation durch die Digitalisierung verändert. Es heißt, die Technologien verändern sich heute schneller als der Mensch es erfassen kann. Das sollte man einfach berücksichtigen.
A:	Was heißt das genau?
Andrea:	Es ist nicht wichtig, jedem Trend hinterher zu hecheln. Da kann dann auch mal die richtige Lösung sein, es bei der guten alten analogen Arbeitsweise zu belassen.
A:	Zum Beispiel?
Andrea:	Wir haben uns vor einem Jahr entschieden, eine Kommunikationsplattform für den täglichen Austausch zu testen. Es gibt also keine Referatsrunden oder Arbeitsgespräche mehr. Wir tauschen uns elektronisch aus und nutzen die Chats auch als Wissensplattform.
A:	Ist doch toll oder?
Andrea:	Leider nicht immer. Es fehlt der direkte Austausch, bei dem man sich auch mal in die Augen schaut. Außerdem können solche Chats auch zu Fehlern führen. Die Qualität und die Ernsthaftigkeit lassen manchmal zu wünschen übrig. Wir haben jedenfalls beschlossen, unsere regemäßigen Runden wieder einzuführen. Und die elektronische Plattform als Wiki zu nutzen. Wir haben dafür ein Team zusammengestellt, das neben seiner Arbeit die Qualitätssicherung über-

nommen hat. So finden auch Lösungen, die wir im Gespräch erarbeitet haben, ihren Weg auf die Plattform.

Digitalisierung, Bildung und Politik

A: Wenn es um die Arbeit von morgen geht, ist Ihrer Meinung nach die Politik generell gefordert, aufgrund der Veränderungen durch die Digitalisierung neue Rahmenbedingungen zu schaffen oder halten Sie das für nicht notwendig?

Andrea: Die Politik ist gefordert, die richtigen Rahmenbedingungen zu schaffen.

A: Was meinen Sie mit: die richtigen Rahmenbedingungen?

Andrea: Zunächst müssen wir ja unterscheiden, ob wir von der freien Wirtschaft sprechen oder von der öffentlichen Verwaltung. Ich habe beide Bereiche kennengelernt und musste feststellen, dass die Politik dann und wann versucht, in Bereiche hinein zu regulieren, die sie aber meiner Meinung nicht richtig überblickt. Es werden Gesetze geschaffen, die die Digitalisierung der Gesellschaft insgesamt voranbringen soll. Leider fehlt den Gesetzen häufig die Folgenabschätzung, sowohl in finanzieller als auch in organisatorischer Hinsicht.

A: Jetzt bin ich aber mal gespannt.

Andrea: Nur ein Beispiel. Im bundesweiten E-Governmentgesetz wird zum Beispiel der Einsatz von DE-Mail für die sichere Übertragung von E-Mails festgelegt. Dafür wurde noch ein eigenes Gesetz geschaffen. Kennen Sie jemanden der dies nutzt?

A: Nein.

Andrea: Es wurde dafür geworben. Jeder E-Mailanbieter hat entsprechende Lösungen angeboten. Die öffentliche Verwaltung sollte für jeden einen solchen Zugang anbieten. In unserer Verwaltung zum Beispiel wurde das noch nicht ein einziges Mal genutzt. Das verursacht Kosten, die völlig unnötig sind. Ich könnte jetzt noch stundenlang weitermachen.

A:	Ich habe verstanden. Ich habe eine Frage in Bezug auf Bildung und Digitalisierung. Durch die Digitalisierung verändern sich die beruflichen Anforderungen. Was meinen Sie: Bereiten die Schulen alles in allem die Schülerinnen und Schüler auf diese neuen Anforderungen des Arbeitsmarktes gut vor oder müssten sie mehr tun? Und woran denken Sie da genau?
Andrea:	Da muss ich passen. Ich habe keine Kinder. Das, was ich so lese und erfahre, hört sich gruselig an. Die Jugendlichen haben oft mehr Wissen in Sachen Digitale Technik und gehen wie selbstverständlich damit um. Da machen sie ihren Lehrern noch etwas vor. Allerdings habe ich das Gefühl, dass dabei die – sagen wir mal – klassische Bildung ein wenig auf der Strecke bleibt.
A:	Sollten die Lehrinhalte den neuen Anforderungen angepasst werden?
Andrea:	Nicht die Lehrinhalte, eher die Art, wie sie vermittelt werden.
A:	Nur noch eine Frage zum Schluss: Ist die Verwaltung heute gut gerüstet für die digitale Transformation und wird sie den Ansprüchen gerecht?
Andrea:	Die heutige Verwaltung wird dem kulturellen Wandel der Gesellschaft noch nicht gerecht. Sie wird länger brauchen, als gut für sie ist. Gut wäre es, wenn sie sich mehr auf die digitale Transformation einließe und sich entschlossener als bislang dem digitalen Wandel stellt.
A:	Sie denken an die konsequente Umsetzung der politischen Vorgaben?
Andrea:	Hier reicht ein schlichtes Ja!
A:	Liebe Andrea, vielen Dank für ihre Zeit. Ich habe doch einiges erfahren, dass ich so nicht vermutet hätte.
O:	Das hätte ich so nicht erwartet.
A:	Wieso?
O:	Äh, … soviel Ehrlichkeit und Aufgeschlossenheit hat mich überrascht.
A:	Na dann lass doch mal hören, was Du so zu bieten hast.

Bernd – 38, Selbstständiger Betreiber einer Currywurstbude

O: Ich habe mit Bernd gesprochen.
A: Ah. Großartig. Wer ist Bernd?
O: Das ist mein Frittendealer.
A: Bitte was?
O: Frittendealer. Rot/Weiß. Bahnschranke. Pommes.
A: Und der ist digital?
O: Irgendwie ist doch alles digital, oder?
A: Ja, schon. Erschreckend viel jedenfalls.
O: Aber die Fritten sind schon noch analog. Und das ist auch besser so.
A: Warum hast du ausgerechnet mit ihm gesprochen und das auch noch zuerst?
O: Bernd, oder besser Bernte wie ihn alle nennen, hat berufsbedingt Kontakt zu unfassbar vielen Menschen. Smalltalk ist Pflicht an der Currywursttheke. Da gibt es echte Meinungen und Stimmungsbilder.
A: Und fettige Finger.
O: Dafür aber eine ganz ehrliche und ungeschönte Meinung. Diplomatie ist nicht an der Imbissbude erfunden worden!
A: Da ist womöglich etwas dran.
O: Klar. Zudem ist Bernte quasi ein Multiplikator. Oder ein Median, wenn man das so nennen will. Okay, fiese Menschen würden Durchlauferhitzer sagen.
A: Was schaust du mich dabei jetzt so an?
O: Mach ich doch gar nicht.
A: Na, aber und ob.
O: War das jetzt ein Satz? Oder ging da etwas schief?
A: Lenk jetzt nicht ab!
O: Du hast doch dazwischen gegrätscht.
A: Magst du nicht vielleicht einfach weitererzählen?
O: Ach. Auf einmal!
A: …
O: Ist ja schon gut, jedenfalls hat Bernte die Meinungen von ganz vielen Menschen verinnerlicht. Und daraus bildet er dann die Einschätzung, sozusagen die Zusammenfassung auf dem Silbertablett.

A: Ok. Da wäre ich jetzt nicht unbedingt als erster gekommen.
O: Dafür hast du ja auch mich.
A: Auch da ist etwas dran.
O: War das ein Lob?
A: *(schweigt)*
O: Also ja ....
A: Nun red' schon! Was hat Bernd denn nun zu erzählen gehabt?
O: Er ist selbständig. Seine kleine Currywurstbude ist seine Firma. Dafür ist er verantwortlich. Und natürlich hat er auch als Unternehmer Kontakt zur Verwaltung und vermisst viele Dienstleistungen, die mittlerweile überall auf der Welt elektronisch abwickelbar sind, in der Berliner Verwaltung. Ich hatte den Eindruck, dass er tatsächlich unerwartet digital ist, also ziemlich weit und reichlich affin. Und dementsprechend ist seine Erwartungshaltung an den öffentlichen Dienst. Er fordert uns.
A: Und deine vorhin so weitschweifig begründete Multiplikatoren-Funktion?
O: Er hat eine Meinung vom öffentlichen Dienst. Und das ist jetzt nicht unbedingt eine besonders gute Meinung ... Er hat auch einige Beispiele gebracht und mit Bildern untermauert, die ich gar nicht wiedergeben möchte. Das war mitunter reichlich explizit!
A: Z. B.?
O: Welchen Teil von „nicht wiedergeben möchte" hast du nicht verstanden?
A: Ich frag ja bloß! *(schmollt)*.
O: Lies das Interview. Da wird es vielleicht angedeutet.
A: Na gut. Dann gib mal rüber.

Bernd's Glaubenssatz
Es gibt bei mir Dinge, die ich immer noch von Mensch zu Mensch bespreche. Meine Würste z. B. kommen von einer inhabergeführten Metzgerei im Umland. Da fahre ich mindestens alle sechs Wochen mal vorbei. Das ist mir wichtig. Die Bestellungen dort gebe ich allerdings mittlerweile per WhatsApp auf. Lachen Sie nicht, dass ist manchmal etwas skurril, weil wir das per Videochat machen und ich den Chef schon

mal mit dem blutigen Beil auf dem Tisch vor sich erwische. Wenn wir wirklich alle von den Geheimdiensten überwacht werden, dann stehe ich bestimmt schon auf irgendwelchen Listen.

Interview Bernd

Zum Einstieg: Das Internet

O:	Seit wann nutzen Sie das Internet beruflich bzw. privat?
Bernd:	Privat? Hm. Ich glaube, so richtig eigentlich erst, seitdem ich mir vor vier oder fünf Jahren das erste Smartphone gekauft habe. Davor hatte ich zwar einen Internetanschluss, aber viel mehr als E-Mails verschicken habe ich damit nicht gemacht. Naja, und beruflich … seit ungefähr zwei Jahren bestelle ich die Getränke für meine Currywurstbude online. Aber das war es dann auch schon.
O:	Und wie hat sich die Nutzungsdauer in den letzten Jahren beruflich und verändert?

Bernd:	Nun, im Hinblick darauf, dass ich erst in den letzten Jahren damit angefangen habe, nutze ich das jetzt viel häufiger. Da gibt es schon wirklich praktische Sachen. Ich sage nur mal Krankenkasse, Bank und so weiter. Und nicht zu vergessen: WhatsApp. Das habe ich vorhin ganz unterschlagen. Gute Kunden können bei mir mit WhatsApp ihr Essen vorbestellen und müssen dann mittags nicht anstehen. Das ist nämlich auch schon mal etwas voller bei mir.
O:	Wie häufig nutzen Sie soziale Netzwerke, wie z. B. Facebook, Xing, LinkedIn oder Google+ für Ihre berufliche Kommunikation?
Bernd:	Nie. Ich habe allerdings bei Google so eine Bewertungsseite wo die Kunden ihre Meinung sagen können. Da stehe ich übrigens top da. Und das hilft tatsächlich auch. Ich hatte schon häufiger Touristen an meiner Bude, die nur gekommen waren, um mal eine richtig gute Berliner Currywurst zu essen und die dort gelesen hatten, dass es die bei mir gibt. Neulich kam übrigens so ein Typ vorbei, der mir noch mehr positive Bewertungen verkaufen wollte. Er meinte, das ginge schnell und günstig. Irgendwie würden die das in China machen lassen. Aber das klang mir dann doch sehr unseriös und bevor ich dann bei Google rausfliege oder so, habe ich das lieber sein gelassen.

Die Digitalisierung und die Arbeitswelt

O:	In der Arbeitswelt und im Privatleben bestimmt die Digitalisierung viele Bereiche unseres Lebens. Wie ist Ihre Einschätzung: Bringt der digitale Wandel eher Chancen oder eher Risiken für die Gesellschaft mit sich?
Bernd:	Chancen. Ganz klar. Auch wenn ich nur so eine Bude betreibe. Ich bin Geschäftsmann. Alles was einfach und schnell funktioniert spart mir Geld oder versetzt mich in die Lage, mehr Geld zu verdienen. Aus meiner Sicht könnte das alles noch sehr viel schneller gehen.

O:	Und wie stehen Sie persönlich dem zunehmenden Einsatz von Computern und dem Internet im beruflichen Alltag gegenüber?
Bernd:	Beruflicher Alltag. Es gibt bei mir Dinge, die ich immer noch von Mensch zu Mensch bespreche. Meine Würste z. B. kommen von einer inhabergeführten Metzgerei im Umland. Da fahre ich mindestens alle sechs Wochen mal vorbei. Das ist mir wichtig. Die Bestellungen dort gebe ich allerdings mittlerweile per WhatsApp auf. Lachen Sie nicht, dass ist manchmal etwas skurril, weil wir das per Videochat machen und ich den Chef schon mal mit dem blutigen Beil auf dem Tisch vor sich erwische. Wenn wir wirklich alle von den Geheimdiensten überwacht werden, dann stehe ich bestimmt schon auf irgendwelchen Listen.
O:	Würden Sie sagen, dass Deutschland die Chancen des digitalen Wandels bereits ausreichend nutzt oder hat Deutschland hier noch Nachholbedarf?
Bernd:	Deutschland insgesamt? Ganz klarer Nachholbedarf. Hier rennen viel zu viele Bedenkenträger herum, die das alles aufhalten. Gerade in den Ämtern. Da könnten wir doch schon viel weiter sein. Haben Sie eine Ahnung, wie viel Zeit ich mit diesem Verwaltungskram verbringe? Das ist eigentlich kompletter Irrsinn. Meine Bude ist jeden Tag mindestens 12 Stunden offen. Da bleibt nicht viel Zeit für mich. Und einen Großteil davon vertrödele ich mit Buchhaltung, Steuer, Anträgen, Verlängerungen von Genehmigungen und dem Umweltamt. Ich sage Ihnen, da könnten wir so viel besser dastehen. Das wäre ja auch gut für die Wirtschaft insgesamt. Aber nein, die reden immer alle nur von Datenschutz und Sicherheit und rechtlichen Schwierigkeiten. Datenschutz, wenn ich das schon höre. Als ob sich ein Currywurstkäufer für Datenschutz interessieren würde …
O:	Aber vielleicht die Krankenkasse des Currywurstverkäufers, um den Beitrag individuell zu berechnen?
Bernd:	Ach hören Sie doch auf damit. Das sind genau diese Bedenkenträger-Argumente. Kein Mensch wird von

	Currywurst fett. Das ist doch wie mit allem: Man darf es nicht übertreiben.
O:	Welche Qualifikationen und Fähigkeiten sind Ihrer Meinung nach in der Arbeitswelt von morgen gefragt?
Bernd:	Gute Fachkenntnisse werden immer sehr wichtig bleiben. Die Bereitschaft zur Fort- und Weiterbildung ist auch wichtig. Ich muss ja in meinem Metier immer auf dem Laufenden sein.
O:	Das klingt gut. Wie steht es um technisches Verständnis und Computerkenntnisse?
Bernd:	Ich hoffe doch, dass das weniger wichtig wird. Das Zeug soll funktionieren und kein Studium für die Bedienung erfordern!
O:	Und Kommunikationsstärke?
Bernd:	Natürlich, das wird immer gebraucht!
O:	Soziale Kompetenz?
Bernd:	Sehr, sehr wichtig. Wird wahrscheinlich sogar immer wichtiger, umso mehr Maschinen im Spiel sind.
O:	Hoher Bildungsabschluss?
Bernd:	Das halte ich für weniger wichtig. Schule ist doch nur sehr bedingt eine gute Vorbereitung auf das Berufsleben. Man kann immer etwas aus sich machen. Fleiß, Zuverlässigkeit und Fachkunde. Das sind die eigentlich entscheidenden Dinge. Und vielleicht etwas Mut, um etwas aus sich zu machen.
O:	Leistungsbereitschaft?
Bernd:	Sage ich doch. Sehr wichtig. „Ohne Fleiß keinen Preis!", so abgedroschen wie das ist, so wahr ist es.
O:	Gute Allgemeinbildung?
Bernd:	Das kann niemals schaden. Aber letztlich kann ich heutzutage dann doch alles immer und überall im Smartphone nachschlagen. Das wird sicher weniger wichtig werden. Allerdings ist das für Menschen in meinem Alter häufig befremdlich, was die Jungen alles nicht mehr wissen. Sie wissen bestimmt wieviel drei Pfund Rinderhack sind?
O:	Natürlich.

Bernd: Den letzten, den ich hier als Nachmittagshilfe eingestellt hatte, habe ich mit solchen Fragen vollkommen überfordert. War ihm auch total egal. Der hat mich angestrahlt und „Hallo Google!" in sein Handy gesagt. Und dann hatte er auch schon die Antwort.
O: Ich frage mal weiter. Durchsetzungsvermögen?
Bernd: Ich kann mir nicht vorstellen, dass sich das ändern wird. Das bleibt wichtig.
O: Flexibilität, auf Neues reagieren zu können?
Bernd: Da haben wir wie schon gesagt noch Nachholbedarf. Das wird immer wichtiger.
O: Wie wichtig sind aus Ihrer Sicht folgende Merkmale der Arbeit? Nehmen Sie die eine Kategorisierung (zwischen wichtig und unwichtig) vor und bewerten Sie in einem zweiten Schritt, inwieweit diese Merkmale auf Ihre aktuelle Arbeitssituation zutreffen.

Los geht es: Eine Arbeit, die Spaß macht.
Bernd: Das ist sehr wichtig. Ich muss ja morgens aus dem Bett kommen! Deswegen habe ich ja meine eigene Bude. Hier mache ich den Spaß und den habe ich natürlich auch.
O: Ein angemessenes Einkommen.
Bernd: Soll ich das wirklich beantworten als Geschäftsmann? Sagen wir so: Ich komme ganz gut zurecht und halte das auch für erforderlich.
O: Ein sicherer Arbeitsplatz.
Bernd: Das ist mir natürlich auch sehr wichtig. Und ich möchte in diesem Zusammenhang nicht abhängig von anderen sein. Deswegen bin ich als Selbständiger unterwegs und kann ihnen sagen, dass meine Bude sehr solide aufgestellt ist.
O: Wegen des Fundaments?
Bernd: Nein, also ja, auch. Aber vor allem, weil die Leute hier mittags auch schon mal freiwillig zehn Minuten anstehen, wenn es mal wieder richtig voll ist.
O: Eine gute Vereinbarkeit von Privatleben und Beruf.
Bernd: Wissen Sie, ich habe mich aus guten Gründen vor einigen Jahren dazu entschlossen, das mit dem Privatleben im

	eigentlichen Sinne aufzugeben. Ich arbeite sieben Tage in der Woche, immer über 12 Stunden. Da hat man so etwas nicht. Und es fehlt mir auch nicht wirklich. Meiner Unabhängigkeit zuliebe ist es mir das auch wert.
O:	Fort- und Weiterbildungsmöglichkeiten?
Bernd:	Das gehört dazu und ist bei mir im Arbeitsalltag mit dabei. Z. B. wenn ich mich mit neuen Umweltauflagen auseinandersetzen muss.
O:	Ein gutes Verhältnis zu Vorgesetzten und Kollegen?
Bernd:	Ich bin hier ja der Boss. Ich habe einen Angestellten. Der sollte schon ein gutes Verhältnis zu mir haben und vor allem Respekt. Zu spät kommt man bei mir nur einmal. Aber ich zahle fair und beute die Leute nicht aus. Bis jetzt sind alle mit einem Lächeln gegangen.
O:	Anerkennung und Wertschätzung der eigenen Arbeit?
Bernd:	Das ist mir sehr wichtig. Die Wurst muss schmecken!
O:	Selbstständiges und eigenverantwortliches Arbeiten?
Bernd:	Sagte ich ja schon. Das ist das Wichtigste und deswegen habe ich die eigene Bude.
O:	Freizeit-/ bzw. Lohnausgleich bei Überstunden?
Bernd:	Als Selbständiger entscheide ich, wie lange ich arbeite und wieviel ich damit verdiene. Wenn ich die Bude für zwei Wochen Urlaub dichtmache, kostet mich das richtig Geld. Da überlegt man zweimal, ob man das jetzt wirklich braucht.
O:	Flexible Arbeitszeiten?
Bernd:	Das entfällt nun leider. Aber ich kann entscheiden, ob ich die Bude schon um fünf aufmache, wenn hier in der Nähe mal wieder eine Baustelle ist. Dann gibt es bei mir nämlich Bauarbeiter Frühstück. Günstig, viel und Gratiskaffee. Sie glauben gar nicht, wie gut das angenommen wird. Mir kann gar nichts Besseres passieren, als dass sie hier das nächste Haus aufstocken. Da muss man dann schon flexibel sein.
O:	Durch die zunehmende Digitalisierung hat sich ja vieles im Arbeitsleben verändert. Wie stark hat sich Ihr Arbeitsplatz alles in allem verändert?
Bernd:	Ich habe eine wasserdichte Schutzhülle für mein Handy besorgt *(lacht)*. Das hält sich hier dann doch in Grenzen.

Digitalisierung und persönliche Einschätzung

O: Wenn Sie an die Herausforderungen durch die Digitalisierung denken: Sind Sie da der Meinung, ihr Arbeitgeber, bzw. in diesem Fall Sie selbst als Selbstständigen machen genug, um auf dem neuesten Stand zu sein?

Bernd: Ich tue hier genug. Vielleicht lasse ich mir noch eine Webseite erstellen, damit das mit den Touristen noch besser läuft.

O: Was meinen Sie, werden durch die zunehmende Digitalisierung Arbeitsplätze geschaffen oder fallen Arbeitsplätze weg oder ändert sich da in der Summe nicht so viel?

Bernd: Ich meine, dass sich in der Summe nicht viel ändern wird.

O: Könnte Ihr Arbeitsplatz durch die Folgen der Digitalisierung in absehbarer Zeit ersetzt werden?

Bernd: *(lacht)* Nein. Sicher nicht. Ich sehe hier keinen Roboter stehen und Würstchen wenden …

O: Zum Thema Flexibilisierung der Arbeit haben wir unterschiedliche Meinungen gehört. Was bedeutet dieses Thema für Sie?

Bernd: Flexibilisierung der Arbeit bedeutet für mich vorrangig mehr Freiheit, die Arbeit selbst zu gestalten.

Digitalisierung, Politik und Bildung

O: Wenn es um die Arbeit von morgen geht, ist Ihrer Meinung nach die Politik generell gefordert, aufgrund der Veränderungen durch die Digitalisierung neue Rahmenbedingungen zu schaffen oder halten Sie das für nicht notwendig?

Bernd: Da muss ganz schnell etwas getan werden. Wir brauchen die Vorgaben aus der Politik. Da muss endlich mit der Faust auf den Tisch geschlagen werden, damit es in den Ämtern vorangeht. Endlich einfach mal mehr machen und weniger Bedenken haben!

O: Durch die Digitalisierung verändern sich die beruflichen Anforderungen. Was meinen Sie: Bereiten die Schulen alles in allem die Schülerinnen und Schüler auf diese neuen

	Anforderungen des Arbeitsmarktes gut vor oder müssten sie mehr tun?
Bernd:	Die Schulen müssen hier mehr machen. Vor allem müssen die Lehrer besser ausgebildet werden. Die meisten haben ja selbst keine Ahnung!
O:	Woran denken Sie da genau? Was müsste Ihrer Meinung nach an den Schulen verbessert werden? Mehrfachnennungen sind möglich
Bernd:	Die Lehrer sollten im Umgang mit Computern und Internet besser ausgebildet werden.
O:	Nur noch eine Frage zum Schluss: Ist die Verwaltung heute gut gerüstet für die digitale Transformation und wird sie den Ansprüchen gerecht?
Bernd:	Dazu kam meine Meinung sicher schon hier und da etwas durch: Die müssen endlich anfangen, sich mit der Wirklichkeit zu befassen und nicht nur mit sich selbst. Und das bitte sehr, sehr schnell!
O:	Vielen Dank!
Bernd:	Gern geschehen. Machen Sie was draus!

Janine – 36 Jahre, freiberufliche Journalistin

Heute bin ich mit Janine verabredet. Bei der Auswahl der Interviewpartner hatten wir sie zuerst aussortiert, da sie zu nah am Thema war. Wir waren der Meinung, sie sei befangen und ihre Aussagen somit nicht verwertbar.

Janine ist Journalistin, 36 Jahre alt, geschieden und hat eine 15jährige Tochter.

Sie hat zunächst eine Ausbildung zur Druckerin gemacht bevor sie dann ihr Abitur über zweiten Bildungsweg nachholte und an einer privaten Universität Journalistik studierte. Genau das hat mich gereizt, sie dennoch in die Studie aufzunehmen.

Heute arbeitet Janine freiberuflich und hat sich auf Themen rund um die Digitalisierung der Gesellschaft spezialisiert. Sie schreibt hauptsächlich über die Digitalisierung im Alltag. Vor allem habe ich aus ihren Artikeln erfahren, wie sich unser Privatleben verändert hat. Mobiltelefon, iPad, Laptop und Co spielen mittlerweile die Hauptrollen in unserem Alltag. Einkaufszettel finden sich digital auf dem Handy, mit dem Tablet schnell eine Information gegoogelt und Service-Apps erleichtern den Alltag in mittlerweile fast allen Bereichen. Während des Interviews hat sie mir erzählt, dass ihre Tochter bei der Themenfindung für Ihre journalistische Arbeit eine große Rolle spielte, da sie mit großer Selbstverständlichkeit alle Medien nutzt und sich ein Leben ohne Smartphone gar nicht vorstellen kann. So hat sie sich mittlerweile auf das Thema Digitalisierung im Alltag spezialisiert. Sie schreibt aber nicht nur über die „digitalisierte Jugend", wie sie mir schmunzelnd verrät, sondern befasst sich auch mit anderen Themen des Alltags und ist damit recht erfolgreich.

Janine's Glaubenssatz
Die Arbeitswelt, wie wir sie heute noch kennen, unterliegt doch einem ständigen Wandel, hier kommen jede Menge Einflüsse hinzu. Das ist doch klar, oder?

Interview Janine

A:	Hallo Janine, schön, dass Sie sich bereiterklärt haben, uns bei unserer Studie zu unterstützen.
Janine:	Darf ich darüber schreiben?
A:	Selbstverständlich, wenn die Studie erschienen ist.
Janine:	Okay, habe verstanden. Was möchten Sie denn wissen?

Zum Einstieg: Das Internet

A: Ihre biografischen Daten habe ich bereits. Für die Auswertung werden diese natürlich pseudonymisiert. Für die Statistik benötige ich noch ein paar Angaben zur Internetnutzung beruflich wie privat.
Seit wann nutzen Sie digitale Medien und hat sich Ihr Nutzungsverhalten in den letzten Jahren verändert?

Janine: Mein erstes Mobiltelefon habe ich mir von meinem ersten Gehalt nach meiner Ausbildung gekauft. Das habe ich nur selten benutzt, weil die Gebühren damals noch sehr hoch waren. 2002 habe ich mir privat meinen ersten Computer zugelegt und in der Schwangerschaft habe ich dann die Vorzüge des Internet kennengelernt. So habe ich mich entschlossen, mich weiterzubilden und nicht als Druckerin mein Berufsleben zu gestalten. Irgendwie habe ich es damals schon gewusst, dass die Welt sich verändern wird, dass es allerdings so rasant gehen würde, habe ich damals nicht gedacht.

A: Wie häufig nutzen Sie soziale Netzwerke wie z. B. Facebook, Xing, LinkedIn oder Google+ für Ihre berufliche Kommunikation?

Janine: Eigentlich ständig, es ist ja mein Job. Ich bin freie Journalistin und alleinerziehende Mutter einer 15-jährigen Tochter, das sind doppelte Gründe, mich ständig in Netzwerken zu bewegen. Manchmal ist das aber auch sehr eintönig

A: Eintönig? Wieso?

Janine: Na ja, obwohl Foren, Chatrooms, Skypen etc. schon zu sozialen Kontakten führen, ist die digitale Welt für mich manchmal doch sehr einseitig. Wenn ich wollte, könnte ich mittlerweile mein gesamtes Leben hinter dem Monitor verbringen, ohne realen Menschen zu begegnen. Wenn ich für einen Artikel recherchiere, kommt es schon einmal vor, dass ich sehr viel Zeit im Internet verbringe und die reale, analoge Umwelt (manchmal auch meine Tochter) schon sehr arg im Hintergrund verschwinden. Wenn ich mich an einem Thema verbissen habe, kommt das schon mal vor.

A: Macht Ihnen das Angst?
Janine: Nein. Meine Tochter holt mich immer wieder in die Realität zurück. Außerdem habe ich einen gut funktionierenden analogen Freundeskreis. Meine letzte Recherche ging rund um Frauen, Arbeit und Digitalisierung.
A: Damit wäre ich schon bei der nächsten Frage.
Janine: Ein schöner Übergang.

Die Digitalisierung und die Arbeitswelt

A: Die nächsten Fragen drehen sich nämlich um Digitalisierung und die Arbeitswelt. In der Arbeitswelt und im Privatleben bestimmt die Digitalisierung viele Bereiche unseres Lebens. Wie ist Ihre Einschätzung: Bringt der digitale Wandel eher Chancen oder eher Risiken für die Gesellschaft mit sich? Hier sind ein paar Einschätzungen, welcher stimmen Sie am ehesten zu?
  • Digitaler Wandel bringt eher Chancen.
  • Digitaler Wandel bringt eher Risiken.
  • Beides gleichermaßen.
Janine: Das lässt ich mit drittens am besten ausdrücken.
A: Warum?
Janine: Kann ich ein wenig ausholen?
A: Sicher!
Janine: Zu Beginn der öffentlichen Digitalisierungsdebatte stand eher die Technik im Vordergrund. Sie war technikorientiert. Da ging es um Effizienz, Rationalisierung und Wertschöpfung. Keiner wollte den Anschluss verlieren. Produktivitätssteigerung war das Credo der Industrie. Dabei war das nur ein geringer Teil des digitalen Wandels. Die übrige Arbeitswelt hat sich schleichend aber dennoch radikal verändert. Ein Beispiel: Anfang der 2000er-Jahre waren Internet und Email-Kommunikation in der öffentlichen Verwaltung noch nicht so verbreitet, während in der privaten Wirtschaft die digitale Kommunikation angekommen war und die Arbeit dort in den Verwaltungsbereichen

sich bereits verdichtet hatte. Heute ist das anders. Kaum ein Arbeitsplatz kommt ohne Computer aus. Auf der anderen Seite gibt es aber auch Tätigkeiten, die ohne auskommen. Es sind in der Regel einfache Tätigkeiten, wie zum Beispiel in der Poststelle, Verteilstationen und ähnliches. Aber das wird nicht so bleiben. In Kürze wird sich auch das ändern und was machen dann die Menschen – vorwiegend Frauen – die keine entsprechenden Kenntnisse mitbringen? Hier bringt der digitale Wandel eher Risiken für die Existenz. Auf der anderen Seite aber bringt der digitale Wandel für Frauen auch Chancen. Ich denke da an die Möglichkeiten des mobilen Arbeitens. Meine Recherchen haben ergeben, dass sich zwar seit 2013 in diesem Bereich nicht so wahnsinnig viel getan hat, aber das wird sich sicher ändern. Die Technik ist auch hier vorangeschritten und gerade Frauen öffnen sich dadurch viel mehr Chancen, ihre Karriere zu verstetigen, trotzt Familie und Kinder. Es muss sich allerdings hier noch etwas am Selbstverständnis vieler Frauen ändern.

A: Was meinen Sie damit?

Janine: Na ja, heute nutzen Frauen die Möglichkeit von „work@home" eher dazu, berufliches und privates unter einen Hut zu bekommen und das Familienleben zu managen, statt darin ihre beruflichen Chancen zu entdecken.

A: Das ist ein sehr interessanter Ansatz. Geht es Männern genauso?

Janine: Ja, Sie machen Witze oder? Die haben die Chancen doch schon viel eher erkannt. Sie nutzen mobiles Arbeiten zum beruflichen Weiterkommen, während Frauen damit sowohl eher Küchen- als auch Büropräsenz zeigen.

A: Also bestimmt der zunehmende Einsatz von Computern und dem Internet sowohl den privaten als auch den beruflichen Alltag. Wie empfinden Sie das?

Janine: Eigentlich sehr positiv. Wir haben doch die Wahl und entscheiden jeden Tag neu.

A: Geht das so einfach?

Janine:	Nein, natürlich nicht. Eine Sachbearbeiterin, die für Dateneingabe zuständig ist, hat keine Wahl. Aber auch das ist beruflicher Alltag, so banal das auch klingt. Ich habe die Wahl, meinen Alltag einzuteilen und die Nutzung welcher Medien auch immer selbst zu bestimmen.
A:	Jetzt komme ich zu einem weiteren Aspekt des digitalen Wandels. Würden Sie sagen, dass Deutschland die Chancen des digitalen Wandels bereits ausreichend nutzt oder hat Deutschland hier noch Nachholbedarf?
Janine:	Hier wird viel geredet und geschrieben. Ich trage ja auch dazu bei. Aber Deutschland hat definitiv noch Nachholbedarf. In Wirtschaft und Industrie geht alles seinen Weg. Hier ist die Digitalisierung wie selbstverständlich vorangeschritten. Aber sehen sich die politischen Aktivitäten an. Da ist von Breitbandausbau die Rede, finanzielle Unterstützung für die Bildung und, und, und. Aber was passiert wirklich. Programme und Geld helfen wenig, wenn die entsprechenden Ressourcen fehlen. Die öffentliche Verwaltung hat in den letzten Jahren definitiv geschlafen. Man hätte glauben könne, sie hat es nicht nötig oder schlimmer noch, es wurde gedacht, ‚das geht schon wieder vorbei'. Jetzt sind alle aufgewacht. Und es geht kunterbunt durcheinander. Da gibt es Digitalisierungskonzepte für ländliche Gebiete, Standardisierungsprojekte für Städte und Gemeinden und Förderprogramme für die Wirtschaft. Alles läuft nebeneinander her, je nach Zuständigkeit.
A:	Was läuft da genau schief?
Janine:	Im Grunde genommen, so einiges. Es gibt zwar sowohl auf Bundes- also auch auf Landesebene entsprechende Ministerien, die sich um die Digitalisierung von Deutschland kümmern sollen, allerdings tut das jeder auf seine eigene Weise. Es reicht nicht zu fordern, dass Deutschland flächendeckend breitbandvernetzt wird. Das ist zwar ein guter Anfang. Aber es braucht vor allem qualifiziertes Personal.
A:	Da bin ich auch schon bei meiner nächsten Frage. Es geht nahtlos weiter. Welche Qualifikationen und Fähigkeiten sind

	Ihrer Meinung nach in der Arbeitswelt von morgen gefragt? Wir haben hier einen Katalog vorbereitet. Hier wollen wir wissen, wie wichtig diese Kompetenzen für die berufliche Zukunft sind.
Janine:	Gilt dieser Katalog für alle beruflichen Bereiche?
A:	Ja!
Janine:	Es kommt doch auf den Beruf, die Branche und die Tätigkeit an. Nicht alles braucht man für alles.
A:	Gehen wir sie doch kurz durch: A Gute Fachkenntnisse.
Janine:	Das ist mir zu allgemein. Fachkenntnisse sollte jeder für seine Tätigkeiten haben, egal ob digital oder analog.
A:	B Bereitschaft zur Fort- und Weiterbildung.
Janine:	Wenn ich mich weiterentwickeln will, selbstverständlich.
A:	C Technisches Verständnis und Computerkenntnisse.
Janine:	Die brauche ich heute auch im täglichen Leben.
A:	D Kommunikationsstärke.
Janine:	Das ist hier komisch. Wenn ich Administrator oder Softwareentwickler bin, brauche ich das nicht. Bin ich aber in Projekten tätig oder habe Kundenkontakt, dann ist das eine der wichtigsten Stärken, die ich brauche.
A:	E Soziale Kompetenz.
Janine:	Hier gilt gleiches wie unter D.
A:	F Hoher Bildungsabschluss.
Janine:	Hier wird Ihr Fragebogen aber ziemlich einseitig, beziehungsweise schon ein wenig elitär.
A:	Wieso?
Janine:	Na ja, hier liegt doch das ganze Bildungsdilemma begraben. Wir haben doch viel zu lange auf hohe Bildungsabschlüsse wertgelegt. Jetzt fehlen uns jede Menge Fachkräfte im Mittelbau. Die Wirtschaft hofiert die Studienabgänger in einschlägigen Bereichen und die öffentliche Verwaltung schaut in die Röhre, da sie die Entwicklung komplett verpennt hat. Auch in der digitalen Berufswelt gäbe es eine Menge Möglichkeiten für Berufsbilder mit mittleren Bildungsabschluss. Nicht jeder Mensch ist für ein Studium geeignet.

	Aber das sind Binsenweisheiten, die jeder kennt, doch kaum einer richtet sich danach.
A:	Was bedeutet das?
Janine:	Digitale Bildung fängt in der Schule an.
A:	G Leistungsbereitschaft.
Janine:	Die sollte jeder haben, der beruflich weiterkommen will.
A:	H Gute Allgemeinbildung.
Janine:	Das ist ein frommer Wunsch. Gute Allgemeinbildung ist ein hohes Gut, dass in den letzten zwanzig Jahren bereits dem schulischen Leistungsdruck zum Opfer gefallen ist.
A:	Das ist aber eine kühne Behauptung.
Janine:	Wieso? Haben Sie Kinder im schulpflichtigen Alter? Dann müssten Sie doch wissen, dass häufig die Devise gilt „Augen" zu und durch. Lernen ist jetzt, Wissen kommt später.
A:	I Durchsetzungsvermögen.
Janine:	Sollte jeder haben. Ist aber nicht jedem in die Wiege gelegt. Ich hoffe hier stark auf die Erkenntnis, dass wir gute Führungskräfte brauchen.
A:	Wie kommen Sie jetzt darauf?
Janine:	Die zunehmende Aufgabenverdichtung, die nicht zuletzt die zunehmende Digitalisierung hervorgerufen hat, fordert gut geschulte Führungskräfte, die genau hinschauen.
A:	J Flexibilität, auf Neues reagieren zu können.
Janine:	Wer hat sich das ausgedacht? Selbstverständlich ist das wichtig. Jedes Jahr ein neues Smartphone, alle zwei Jahre ein neues Tablet und im Büro alle fünf Jahre ein neuer PC und die für die Arbeit notwendigen Programme laufen doch schon seit zehn Jahren gut, warum sollte man die ändern.
A:	Das ist sarkastisch.
Janine:	Ja.
A:	Kommen wir zu einem weiteren Aspekt. Hier ist uns wichtig, wie Sie aus Ihrer Sicht folgende Merkmale der Arbeit einschätzen. Hier gelten zwei Merkmale: „wichtig" und „zutreffend". Bitte versuchen Sie hier Ihre eigene Arbeit einzuschätzen.
Janine:	Da bin ich jetzt wohl eher untypisch. Als Freiberuflerin setze ich andere Maßstäbe.

A:	Das zählt auch. Es gilt ja herauszuarbeiten, welche Tätigkeiten in welchen Zusammenhängen, bestimmte Kriterien erfüllen, wie sie sich entwickeln und wie sie zukünftig ausgestaltet werden.
Janine:	Die Arbeitswelt, wie wir sie heute noch kennen, unterliegt doch einem ständigen Wandel, hier kommen jede Menge Einflüsse hinzu. Das ist doch klar, oder?
A:	Ja sicher. Wir betrachten hier nur einen kleinen Ausschnitt, den es zu bewerten gilt und auf den wir uns in der unserem Projekt konzentrieren. Diesen stellen wir dann selbstverständlich in einen größeren Kontext. Aber das verstehen Sie sicher. Gut wollen wir weitermachen?
Janine:	Ja.
A:	A Eine Arbeit, die Spaß macht.
Janine:	Ist sehr wichtig und ja habe ich.
A:	B Ein angemessenes Einkommen.
Janine:	Wünscht sich jeder, hat aber nicht jeder und ja, es ist mir wichtig, leider stimmt es bei mir auch nicht immer. Die Honorare sind eher gesunken als gestiegen. Dazu kommt, dass per Copy und Paste jeder zweite Artikel im Internet ein Plagiat sein könnte. Fehlt nur eine Quellenangabe oder wird nicht richtig zitiert, kann es schwierig werden. Aber das gehört ja nicht hier her oder?
A:	C Ein sicherer Arbeitsplatz.
Janine:	Das wünscht sich doch auch jeder ob angestellt oder freiberuflich. Mir ist es wichtig, solange ich noch für meine Tochter sorgen muss. Danach werde ich entspannter sein. Hier ist auch Flexibilität gefragt, aber das hatten wir schon.
A:	D Eine gute Vereinbarkeit von Privatleben und Beruf:
Janine:	Hab ich und ist mir auch sehr wichtig.
A:	E Fort- und Weiterbildungsmöglichkeiten:
Janine:	Allein mein Beruf bringt es mit sich immer auf dem Laufenden zu halten. Aber Sie meinen etwas Anderes? Ja, es ist wichtig, sich weiterzubilden und jeder Arbeitgeber tut gut daran, seinen Mitarbeitenden dies zu ermöglichen. Er profitiert ja auch davon.

A:	F Ein gutes Verhältnis zu Vorgesetzten und Kollegen:
Janine:	Wichtig ja aber bitte nicht jeden Tag „After work Party". Ich arbeitete freiberuflich, da brauch' ich ein gutes Verhältnis zu meinen Auftraggebern.
A:	G Anerkennung und Wertschätzung der eigenen Arbeit:
Janine:	Ja, sehr wichtig. Wenn keiner meine Artikel liest, kann ich einpacken.
A:	H Selbstständiges und eigenverantwortliches Arbeiten:
Janine:	Hier bin ich Meisterin. Das trifft voll zu.
A:	I Freizeit- bzw. Lohnausgleich bei Überstunden:
Janine:	Das wäre schön. Trifft aber nicht zu.
A:	J Flexible Arbeitszeiten
Janine:	Ohne Ende.
A:	K Möglichkeit für Home-Office/Telearbeit:
Janine	Habe ich.
A:	L Aufstiegsmöglichkeiten:
Janine:	Wohin? Nein, mir reicht, was ich habe.
A:	Ich denke, die nächsten Fragen können wir zusammenfassen.
Janine:	Und wie werten Sie die dann aus?
A:	Ach da haben wir so unsere Methoden. Geben Sie mir einige Stichpunkte, die in unsere Auswertung einfließen können. Das wäre mir wichtig.
Janine:	Gut wie lauten die Fragen?
A:	Durch die zunehmende Digitalisierung hat sich ja vieles im Arbeitsleben verändert. Wie stark hat sich Ihr Arbeitsplatz alles in allem verändert: Sehr stark, stark, weniger stark, gar nicht.
Janine:	Gar nicht.
A:	Inwieweit erleben Sie die nachfolgenden Veränderungen bei Ihrer Arbeit durch die zunehmende Verwendung von Computern und Internet? Sie können jeweils mit trifft voll und ganz zu, trifft eher zu, trifft eher nicht zu, trifft überhaupt nicht zu antworten.
A:	Meine Arbeit ist anspruchsvoller geworden.
Janine:	Trifft voll und ganz zu.

A: Ich kann schneller und effizienter arbeiten.
Janine: Trifft überhaupt nicht zu. Hier muss ich dann doch noch etwas ausholen. Das Gegenteil ist der Fall, aber das gilt wahrscheinlich für alle Journalisten und Freiberufler. Es ist viel schwieriger geworden. Durch das Informationsmeer von Veröffentlichungen, Meinungsbildern und Nachrichten, ist es wesentlich schwieriger geworden, effizient und schnell zu arbeiten. Aber das genau wird verlangt. Die Gefahr auf falsche Quellen hereinzufallen, ist größer denn je. Das macht manche Arbeit zur Qual.
A: Die Arbeit wird transparenter:
Janine: Ja.
A: Ich muss ständig erreichbar sein.
Janine: Ja.

Digitalisierung und persönliche Einschätzung

A: Die nächste Frage überspringen wir, da Sie freiberuflich arbeiten und kommen zu einem anderen Thema. Was meinen Sie, werden durch die zunehmende Digitalisierung Arbeitsplätze geschaffen oder fallen Arbeitsplätze weg oder ändert sich da in der Summe nicht so viel?
Janine: Ich glaube, in der Summe ändert sich nicht so viel. Allerdings wird sich die Art der Arbeit weiter verändern. Ich greife noch einmal mein Beispiel von vorhin auf. Eine Arbeitskraft in der Poststelle einer Verwaltung oder eines großen Unternehmens wird es so nicht mehr geben. Viele einfache Tätigkeiten werden wahrscheinlich verschwinden. Dafür kommen andere hinzu. Inwieweit diese aber die vorherigen gleichwertig ersetzen, wage ich zu bezweifeln. Nicht jeder Mensch eignet sich zum Spezialisten. Ich weiß leider nicht, wo diese Entwicklung hinführt.
A: Könnte Ihr Arbeitsplatz durch die Folgen der Digitalisierung in absehbarer Zeit ersetzt werden?
Janine: Ja, ich denke schon, dass das passieren kann.
A: Macht das Ihnen Angst?

Janine:	Ja und nein. Ja, weil es dann nicht nur mir so geht, sondern vielen in vergleichbaren Positionen ebenfalls und so neue Konkurrenzen bildet, die wir überwinden müssen. Und nein, da ich auch die Chance nutzen kann, etwas Anderes zu machen. Ich bin so auch immer gezwungen, mich weiter zu bilden. Stichwort: Lebenslanges Lernen!
A:	Das klingt versöhnlich. Jetzt habe ich noch eine letzte Frage zum Thema Flexibilisierung der Arbeit. Welcher Meinung stimmen Sie eher zu? Flexibilisierung der Arbeit bedeutet für mich vorrangig (A) mehr Freiheit, die Arbeit selbst zu gestalten, (B) mehr Druck, ständig verfügbar zu sein oder (C) sowohl als auch.
Janine:	Ganz eindeutig C.
A:	Möchten Sie das noch ausführen?
Janine:	Nein, das lasse ich mal so stehen.
A:	Kommen wir zu Ihrem Lieblingsthema: Digitalisierung, Politik und Bildung.
Janine:	Wie kommen Sie denn darauf?
A:	Bei den vorangegangenen Fragen habe ich so den Eindruck gewonnen, dass Politik und Bildung im Umfeld der digitalen Entwicklung unseres Landes Ihnen besonders wichtig ist. Deshalb möchte ich hier auch gleich weitermachen.
	Wenn es um die Arbeit von morgen geht, ist Ihrer Meinung nach die Politik generell gefordert, aufgrund der Veränderungen durch die Digitalisierung neue Rahmenbedingungen zu schaffen oder halten Sie das für nicht notwendig?
Janine:	Das ist eine sehr gute Frage, für mich bis jetzt die wichtigste. Ganz eindeutig ist die Politik gefordert, neue Rahmenbedingungen zu schaffen. Das betrifft alle. Die wichtigste Rahmenbedingung für eine erfolgreiche Wirtschaft ist die flächendeckende Versorgung mit Breitbandanbindungen. Der politische Wille ist da. Aber dabei bleibt es meistens. Es hapert immer wieder mit der Umsetzung. Hier spielen vor allem die wirtschaftlichen Interessen eine zentrale Rolle. Die Politiker behaupten, dass sie dafür sorgen, auch bislang

	strukturschwache Gebiete ans Netz zu bringen, um so die Wirtschaft anzukurbeln. Aber leider haben die großen Carrier-Unternehmen andere wirtschaftliche Interessen. So bleibt dann alles beim Alten. Es fehlen Sanktionen.
A:	Gut, das kann ich nachvollziehen. Aber wie soll sich das ändern?
Janine:	Gott sei Dank, bin ich keine Politikerin und kann daher ganz naiv fordern: Wenn ich Fördergelder bewillige, dann kann ich auch bestimmen, wo sie angelegt werden. Dann muss ich dafür sorgen, dass ein Gleichgewicht entsteht und wirtschaftliche Interessen auch mal eine Weile zurückstehen müssen, damit sich der flächendeckende Erfolg einstellen kann.
A:	Sie wissen aber schon, dass das ein wenig sozialromantisch klingt?
Janine:	Ja, deswegen bin ich ja auch nicht in der Politik unterwegs, sondern schreibe darüber. Aber auch die öffentliche Verwaltung könnte schon viel weiter sein, wenn sie sich nicht an Gesetzen, Umsetzungskonzepten und Maßnahmenkatalogen abarbeiten und dabei manchmal die Realisierung vergessen würden.
A:	Das klingt jetzt schon sehr hart.
Janine:	Ist aber wahr. Die Digitalisierungsdebatte steckt seit 50 Jahren in einer Kreisdiskussion. Ich habe das Gefühl, dass es seit der industriellen Revolution nicht mehr so viele Wiederholungsschleifen gegeben hat.
A:	Diesen Eindruck könnte man bekommen, wenn man sich durch die einschlägige Literatur kämpft. Ich habe aber noch einen weiteren Aspekt: Durch die Digitalisierung verändern sich die beruflichen Anforderungen. Was meinen Sie: Bereiten die Schulen alles in allem die Schülerinnen und Schüler auf diese neuen Anforderungen des Arbeitsmarktes gut vor oder müssten sie mehr tun?
Janine:	Die Schulen müssten mehr tun.
A:	Woran denken Sie da genau? Was müsste Ihrer Meinung nach an den Schulen verbessert werden?

Janine:	Wenn ich mir die Aspekte so anschaue

      A Die Lehrinhalte sollten den neuen Anforderungen angepasst werden.
      B Die Schulen sollten besser mit Computern und Internet ausgestattet werden.
      C Im Unterricht sollten Computer und Internet stärker zum Einsatz kommen.
      D Die Lehrer sollten im Umgang mit Computern und Internet besser ausgebildet werden.

	Hier trifft nun wirklich alles zu. Das Bildungssystem muss komplett umgestaltet werden. Ich weiß gar nicht, wo ich anfangen soll. Wenn ich mir den Schulalltag meiner Tochter anschaue, weiß ich jetzt schon, wie hoch der Nachholbedarf wäre, wenn ich als Mutter nicht eingegriffen hätte, um ihr zusätzlich Möglichkeiten zur Bildung zu ermöglichen.
A:	Was meinen Sie damit?
Janine:	Meine Tochter fährt regelmäßig in Sommercamps, die alternative Bildung zum Schulalltag bieten. Damit meine ich nicht nur Mathe, Deutsch und Englisch, sondern neben wissenschaftlichen Themen auch Themen aus dem Alltag, die Allgemeinbildung vermitteln, die meines Erachtens in dem heutigen Schulsystem eher auf der Strecke bleiben.
A:	Und ihre Tochter macht das freiwillig?
Janine:	Sie liebt es.

Digitalisierung, Bildung und Politik

A:	Wir kommen zum Ende. Ich habe nur noch eine Frage zum Schluss: Ist die Verwaltung heute gut gerüstet für die digitale Transformation und wird sie den Ansprüchen gerecht?
Janine:	Ich bin mir nicht sicher, ob die Verwaltung auf einem guten Weg ist. Wenn ich mir die Entwicklung so anschaue, habe ich die Befürchtung, dass an einigen Stellen an der Realität vorbeigeplant wird. Leider ist das ja auch immer regierungs-, bzw. parteienabhängig.

	Einen guten Schritt in die richtige Richtung haben sowohl die Bundesregierung, als auch mittlerweile die meisten Landesregierungen mit dem eGovernmentgesetz gemacht. Allerdings ist gut gemeint, nicht immer gut gemacht. Eine Plattitüde, ich weiß, aber es ist so. Sehen Sie sich zum Beispiel Berlin an. Gutes Gesetz, falsches Timing.
A:	Wie meinen Sie das?
Janine:	Lesen Sie meinen neuen Artikel darüber, das würde jetzt hier zu weit führen.
A:	Können Sie mir nicht schon mal etwas vorab daraus verraten?
Janine:	In meinem nächsten Artikel geht es geht darum, dass unsere Landesregierung große Anstrengungen unternommen hat, um mit ihrer Digitalstrategie politisch zu punkten. Auch das Bild, das sie im Ländervergleich versucht zu malen, geht in diese Richtung. Gleichzeitig muss man aber feststellen, dass sie sich selbst im Weg stehen, dies auch erfolgreich umzusetzen, Ich befasse mich mit den bürokratischen Verfahren und formellen Abstimmungsprozessen, die notwendig sind, um auch nur eine Aktivität in Gang zu setzen. Ich versuche die Bemühungen von Bundes- und Landesregierung zu beschreiben und woran es möglicherweise scheitert.
A:	Das ist spannend, Können Sie mir noch mehr berichten? Das Thema ist ja sehr aktuell.
Janine:	*(Schmunzelnd)* Lesen Sie doch bitte meinen Artikel, der in wenigen Tagen erscheinen wird. Ich sende Ihnen gerne ein Exemplar zu. Im Gegenzug erhalte ich ihre Auswertung und wir verhandeln über eine weitere Veröffentlichung.
A:	Darüber können wir reden. Das war's. Vielen Dank.
Janine:	Hat mir auch Spaß gemacht. Vielen Dank. Ich habe darüber hinaus schon wieder eine neue Idee für einen Artikel zum Thema Digitalisierung und Frauen in der Forschung. Wäre doch ein guter Titel, oder?

Fred – 62, Mitarbeiter einer Poststelle in der öffentlichen Verwaltung

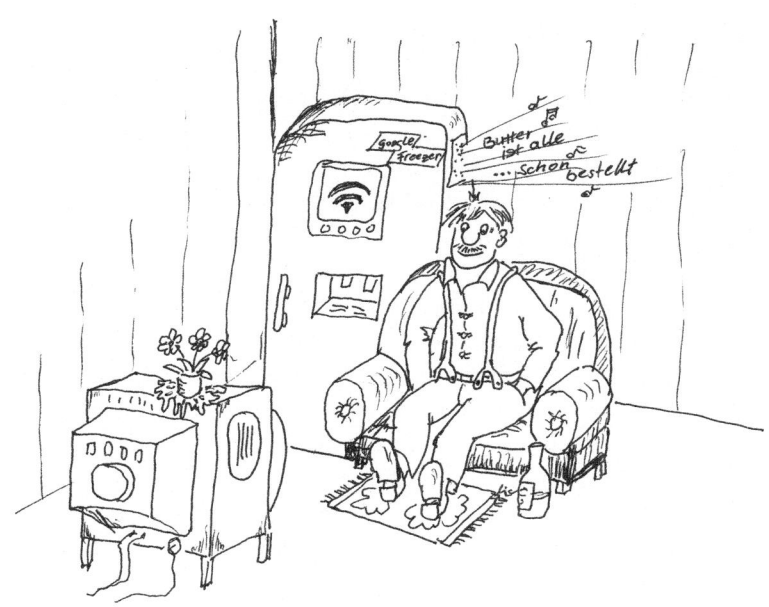

A:	Und was hast du noch zu bieten?
O:	Nana.
A:	*(entrüstet)* Bitte!
O:	Schon gut. Ich habe als nächstes mit Fred gesprochen.
A:	Fred. Soso.
O:	Ja. Fred. Aus unserer Poststelle.
A:	Du suchst dir aber auch wirklich originelle Menschen aus.
O:	Natürlich. Ich bin überzeugt davon, dass Menschen wie Fred am besten darüber informiert sind, was in ihrem Haus los ist, wo es drückt und wo es funktioniert. Fred ist ein 360° Barometer in Bezug auf den Zustand des Amtes.
A:	360° Barometer? In Physik hast du gefehlt, oder?

O: Nö. Du weißt was ich meine.
A: Tu ich das?
O: … ok. Vermutlich nicht. Aber ich halte Fred für einen sehr wichtigen Gesprächspartner.
A: Was hat er denn gesagt?
O: Na unter anderem ist er sich sehr bewusst darüber, dass es seinen Job über kurz oder lang nicht mehr geben wird. Eine Poststelle ist kein Zukunftsmodell.
A: Das ist natürlich richtig.
O: Dementsprechend begeistert ist er natürlich vom Digitalisierungsthema.
A: Ok, also voreingenommen.
O: Ja. Und das ist auch richtig so. Auch diese Stimmen sollten wir hören. Fred hat nun das große Glück, dass er eh bald in den Ruhestand gehen wird. Aber seine jüngeren Kollegen werden sich ganz schön umsehen müssen. Auf die kommen neue Dinge zu. Ich bin ja der Meinung, dass durch solche Themen wie Digitale Signatur, Scanservice usw. auch künftig Tätigkeiten da sein werden, die sich nicht komplett automatisieren lassen.
A: Die betroffenen Menschen werden umlernen müssen, ja.
O: Und das fällt vielen schwer. Insbesondere wenn man selbst vielleicht nicht so technikaffin ist und auch keine privaten Berührungspunkte mit diesen Themen hat. Da wird der Dienstherr etwas für seine Leute tun müssen. Mitnehmen und fördern. Aber auch fordern. Und sich um jene kümmern, die dem ganzen ablehnend gegenüberstehen. Wir sind nun mal kein hippes Start-Up.
A: Aber das dauert alles.
O: Natürlich. Und alle werden wieder mit dem Finger auf den öffentlichen Dienst zeigen und sagen, dass wir es nicht schaffen und ewig brauchen und nicht flexibel genug sind. Aber das Thema Mensch gehört in dieser Branche nun mal dazu. Das ist so konzipiert und das bietet auch viele Vorteile. Klar, man kann noch sehr viele Dinge besser machen und das ist auch kein Plädoyer für Stagnation. Aber wir müssen es uns erlauben und alle Beschäftigten mitnehmen. Es wird

	sonst nicht funktionieren und am Ende wird man ohne einen digitalen Erfolg dastehen. Die Leute brauchen Hilfe, Lenkung und Führung. Der Weg in die digitale Welt wird sonst ein teurer Irrweg werden. Da hat niemand etwas von.
A:	Und das hat Fred alles gesagt?
O:	Nein, natürlich nicht. Aber das habe ich rausgehört. Das ist sozusagen die Würdigung seiner Sorgen und Bedenken. Menschen wie Fred können auch zum Show-Stopper mutieren.
A:	Ein amtlicher Anti-Digitalisierungs-Mutant?
O:	Das hört sich gruslig an, aber ja. Letztlich schon.
A:	Dann bin ich jetzt aber echt gespannt auf das Interview.
O:	Na dann los, Lies selbst.

Fred's Glaubenssatz

Und wie stehen Sie persönlich dem zunehmenden Einsatz von Computern und dem Internet im beruflichen Alltag gegenüber?

Wissen Sie, dass ist mir einigermaßen gleichgültig. Aber ich denke, dass die mittlerweile alle einen Knall haben. Die können ja gar nichts mehr ohne Maschine. Was meinen Sie, was hier los ist, wenn hier mal wieder Stromausfall ist. Alle total durchgedreht und aufgeregt. Ich glaube, die können ja nicht mal mehr rechnen ... für alles brauchen die Maschinen.

Interview Fred

Zum Einstieg: Das Internet

O:	Seit wann nutzen Sie das Internet beruflich und privat?
Fred:	Beruflich gar nicht. Da haben wir nur Mails. Und das auch nur ab und zu. Privat auch gar nicht. Da habe ich nur ein Handy. Zählt das auch?
O:	Ein Smartphone?
Fred:	Nein. Ein Samsung.
O:	Ich frage anders. So ein Telefon mit Tasten oder eins mit Bildschirm?
Fred:	Klar, mit Bildschirm. Ich bin ja nicht von gestern.

O:	Und wie lange haben sie das?
Fred:	Hm. Vielleicht seit 4 Jahren. Oder 5 oder so.
O:	Und wie hat sich die Nutzungsdauer in den letzten Jahren beruflich und privat verändert?
Fred:	Ja, das ist mit den Jahren schon mehr geworden. Gibt ja auch immer mehr Apps. Meiner Frau habe ich ja so ein Tablet geschenkt. Die macht ganz viel damit. Gerade abends vor dem Fernsehen. Das ist ganz schön, da quatscht sie dann nicht mehr so viel.
O:	Wie häufig nutzen Sie soziale Netzwerke, wie z. B. Facebook, Xing, LinkedIn oder Google+ für Ihre berufliche Kommunikation?
Fred:	Juter Mann, ich habe doch gesagt, dass ich das im Büro nicht nutze. Darf ich ja auch gar nicht. Privates ist hier verboten.
O:	Ja, gut. Dann streichen wir diese Frage für Sie. Nächste Frage: In der Arbeitswelt und im Privatleben bestimmt die Digitalisierung viele Bereiche unseres Lebens. Wie ist Ihre Einschätzung: Bringt der digitale Wandel eher Chancen oder eher Risiken für die Gesellschaft mit sich?
Fred:	Na eher Risiken. Jedenfalls für Meinesgleichen. Wenn das nachher nur noch Mails gibt, dann fährt ja keiner mehr die Post aus.
O:	Und wie stehen Sie persönlich dem zunehmenden Einsatz von Computern und dem Internet im beruflichen Alltag gegenüber?
Fred:	Wissen Sie, dass ist mir einigermaßen gleichgültig. Aber ich denke, dass die mittlerweile alle einen Knall haben. Die können ja gar nichts mehr ohne Maschine. Was meinen Sie, was hier los ist, wenn hier mal wieder Stromausfall ist. Alle total durchgedreht und aufgeregt. Ich glaube, die können ja nicht mal mehr rechnen … für alles brauchen die Maschinen.
O:	Würden Sie sagen, dass Deutschland die Chancen des digitalen Wandels bereits ausreichend nutzt oder hat das Land hier noch Nachholbedarf?
Fred:	Das weiß ich nicht. Aber was ich weiß: Was die hier alles versuchen, aber da klappt nichts.

O: Welche Qualifikationen und Fähigkeiten sind Ihrer Meinung nach in der Arbeitswelt von morgen gefragt? Gute Fachkenntnisse?

Fred: Das ist doch das Wichtigste. Deswegen klappt das doch nicht, weil die ganzen Leute gar nicht wissen was sie da tun. Sie wissen nicht wirklich mehr als ich, aber ich käme niemals auf die Idee hier alleine alles auf Computer umstellen zu wollen. Man muss immer wissen, was man macht.

O: Wie wichtig ist aus Ihrer Sicht die Bereitschaft zur Fort- und Weiterbildung?

Fred: In meinem Alter ist das schwierig, wissen Sie? Aber die ganzen Sachen entwickeln sich so unglaublich schnell, dass man ja nur noch mit ewigem Lernen hinterherkommt. Aber ich kann mir nicht vorstellen, dass die Leute weiter zu Lehrgängen und so laufen werden. Das dauert alles zu lange. Das muss schneller gehen.

O: Wie steht es um das technische Verständnis und Computerkenntnisse?

Fred: Ich glaube, dass die jungen Leute das Alles mitbringen. Das ist ja auch unglaublich wichtig. Ein paar Alte werden auf der Strecke bleiben.

O: Kommunikationsstärke?

Fred: Quatschen können die meisten. Wie die Weltmeister. Wichtiger wäre, wenn man wüsste wovon man da faselt und dass man auch einfach mal was macht ...

O: Soziale Kompetenz?

Fred: (lacht laut auf). Da habe ich eher den Eindruck, dass das im Alltag immer unwichtiger wird. Vielleicht stumpft dieses Technikzeug einen irgendwie ab. Aber das lässt echt immer mehr nach.

O: Hoher Bildungsabschluss?

Fred: Ich persönlich halte Lebenserfahrung für wichtiger. Sie glauben gar nicht, was hier neuerdings alles für Schnösel direkt von der Uni einreiten. Die führen sich auf, als ob sie was Besseres wären. Soziale Kompetenz haben die überhaupt nicht und schon gar keine Ahnung vom echten Leben. Kann

	sein, dass die viel auswendig gelernt haben. Aber das ist dann noch lange kein Fachwissen, was man im Alltag auch erfolgreich anwenden kann.
O:	Leistungsbereitschaft?
Fred:	Wichtig. Man muss schon arbeiten wollen und dabei auch Leistung zeigen. Nicht nur warten, dass die Kohle rüberkommt.
O:	Gute Allgemeinbildung?
Fred:	Das hat noch keinem geschadet. Finde ich wichtig. Dann kann man nämlich auch über den Tellerrand schauen.
O:	Durchsetzungsvermögen?
Fred:	Na klar. So ein Chef muss auch unangenehme Dinge durchsetzen. Aber so, dass das nicht peinlich oder unangenehm ist. Ich kannte mal einen, der konnte das. Ist leider eine nicht allzu weit verbreitete Eigenschaft.
O:	Flexibilität, auf Neues reagieren zu können?
Fred:	Sagte ich ja schon. Das ist wichtig und man wird lernen müssen, das ständig und überall zu können.

Die Digitalisierung und die Arbeitswelt

O:	Durch die zunehmende Digitalisierung hat sich ja vieles im Arbeitsleben verändert. Wie stark hat sich Ihr Arbeitsplatz alles in allem verändert?
Fred:	Da ist schon eine Menge passiert, ja. Es kommt insgesamt weniger Post. Vor allem weniger Werbung. Vielleicht wird das jetzt ja mehr als E-Mail verschickt. Könnte ich mir jedenfalls gut vorstellen. Vor ein paar Jahren hatten wir mal einen Scanner. Damit sollte ausprobiert werden, ob man die ganze Post auch einscannen und dann per E-Mail weiterverteilen kann. Das hat aber nicht gut funktioniert und der wurde wieder abgebaut.
O:	Was hat denn nicht so gut funktioniert?
Fred:	Es hat zu lange gedauert. Und es gab vieles, was sich gar nicht erst einscannen ließ. Wir hatten immer mindestens

zwei Tage Rückstand mit der Tagespost. Und das waren ja nur ein paar Tester. Wenn man das für das ganze Amt machen wollte, bräuchte man mehr Personal.

Aber die Leute erwarten von der Post offenbar die gleiche Geschwindigkeit wie von einer E-Mail. Wenn da mal ein Brief länger braucht, werden die total unruhig. Das war früher anders.

O: Inwieweit erleben Sie die nachfolgenden Veränderungen bei Ihrer Arbeit durch die zunehmende Verwendung von Computern und Internet?

Ich nenne Ihnen jetzt einzelne Aussagen uns Sie antworten bitte jeweils mit *trifft voll und ganz zu, trifft eher zu, trifft eher nicht zu, trifft überhaupt nicht.*

O: Ich kann meine Arbeit flexibler einteilen.
Fred: Trifft nicht zu.
O: Meine Arbeit ist anspruchsvoller geworden.
Fred: Trifft nicht zu.
O: Ich kann schneller und effizienter arbeiten.
Fred: Trifft nicht zu.
O: Die Arbeit wird transparenter.
Fred: Trifft nicht zu.
O: Ich fühle mich häufiger überfordert.
Fred: Trifft eher zu.
O: Ich muss ständig erreichbar sein.
Fred: Trifft nicht zu.
O: Ich kann einfacher verschiedene Kommunikationswege nutzen.
Fred: Trifft nicht zu.
O: Der Arbeitsdruck hat zugenommen.
Fred: Trifft eher zu.
O: Die zu verarbeitende Informationsmenge nimmt immer mehr zu.
Fred: Trifft nicht zu.
O: Ich habe mehr Kontakte zu meinen Vorgesetzten und Kollegen.
Fred: Trifft nicht zu.

O:	Ich bin zunehmend abgelenkt von meiner eigentlichen Tätigkeit.
Fred:	Trifft nicht zu.
O:	Ich kann mir besser einteilen, wo und wann ich arbeite.
Fred:	Trifft nicht zu.
O:	Wenn Sie an die Herausforderungen durch die Digitalisierung denken: Sind Sie da der Meinung, ihr Arbeitgeber tut genug, um auf dem neuesten Stand zu sein?
Fred:	Er hat eindeutig Nachholbedarf.

Digitalisierung und persönliche Einschätzung

O:	Was meinen Sie, werden durch die zunehmende Digitalisierung Arbeitsplätze geschaffen oder fallen Arbeitsplätze weg oder ändert sich da in der Summe nicht so viel?
Fred:	Es fallen eher Arbeitsplätze weg.
O:	Könnte Ihr Arbeitsplatz durch die Folgen der Digitalisierung in absehbarer Zeit ersetzt werden?
Fred:	Ja, sehr sicher. Eine Poststelle wird dann einfach nicht mehr gebraucht.
O:	Zum Thema Flexibilisierung der Arbeit haben wir zwei Meinungen gehört. Welcher Meinung stimmen Sie eher zu? Flexibilisierung der Arbeit bedeutet für mich vorrangig …
Fred:	Das kann ich nicht beantworten.
O:	Wenn es um die Arbeit von morgen geht, ist Ihrer Meinung nach die Politik generell gefordert, aufgrund der Veränderungen durch die Digitalisierung neue Rahmenbedingungen zu schaffen oder halten Sie das für nicht notwendig?
Fred:	Die Politiker müssen was machen. Das dauert alles viel zu lange.
O:	Durch die Digitalisierung verändern sich die beruflichen Anforderungen. Was meinen Sie: Bereiten die Schulen alles in allem die Schülerinnen und Schüler auf diese neuen

	Anforderungen des Arbeitsmarktes gut vor oder müssten sie mehr tun?
Fred:	Das weiß nicht, ich habe zur Schule keinen Bezug mehr.
O:	Nur noch eine Frage zum Schluss: Ist die Verwaltung heute gut gerüstet für die digitale Transformation und wird sie den Ansprüchen gerecht?
Fred:	Es besteht noch erheblicher Nachholbedarf. Aber das ist wie immer. Es dauert. Es muss geregelt werden. Und nachher macht man es dann doch irgendwie. Es bringt ja nichts, nur nach außen so zu tun, als ob man schön, schnell und digital ist. Das muss ja nach Innen auch so sein. Sonst hat man am Ende digitale Potemkin'sche Dörfer …

Beatrice – 38 Jahre – Verwaltungsangestellte im Jugendamt, zurzeit im Mutterschutz

O:	Leider habe ich diese Auswahl gar nicht verstanden.
A:	*(leicht gereizt)* Wieso nicht?
O:	Sie passt nicht in unsere Struktur.
AG:	Das verstehe ich nicht. Wie passt denn dein Taxifahrer in unsere Struktur?
O:	Das ist einfach, hör dir das Interview an, dann reden wir weiter.
A:	Wir sind aber jetzt bei Beatrice. Sie passt prima. Sie arbeitet normalerweise im öffentlichen Dienst, ist ja nur im Moment in Elternzeit, hat aber, wie sie mir erzählte regelmäßigen Kontakt zu den Kollegen und Kolleginnen und hält sich damit auf dem Laufenden.
O:	Ich bin gespannt. Aber zeige mir bitte mal ihr Portrait. *(O liest sich den Personalfragebogen durch, während A mit dem Aufnahmegerät hantiert)*
A:	Es geht los.
O:	Warte, ich bin noch nicht fertig.

Beatrice Arbeitet im Jugendamt, ist aber aktuell im Mutterschutz. Nach der Geburt wird sie zwei Jahre Auszeit nehmen.

Nach dem Abitur hat sie zunächst ein freiwilliges soziales Jahr absolviert, bevor sie ihr Studium Soziale Arbeit begann. Nach dem Studium hat sie gleich die Leitung einer Wohngruppe übernommen, hat direkt nach dem Studium geheiratet und sich nach drei Jahren Ehe scheiden lassen. Heute lebt sie mit ihrem neuen Partner am Stadtrand. Sie malt gerne, geht täglich joggen und bekommt nun bald mit 38 ihr erstes Kind.

Dem Thema Digitalisierung steht sie zwar insgesamt sehr positiv gegenüber, sie ermöglicht ihr auch während der Elternzeit beruflich auf dem Laufenden zu bleiben. Sie ist froh, viele Behördengänge online erledigen zu können, da sie so keine langen Fahrzeiten hinnehmen und dann noch stundenlang einen Parkplatz zu suchen muss. Positiv ist, dass sie vieles von zu Hause aus machen kann und so mehr Freiheit für mich gewinne. So hat sie einige Wissenslücken, die sie verunsichern. Sie geht sehr vorsichtig mit den elektronischen Medien um. Sie fragt sich: Was geschieht mit meinen Daten in der sogenannten Cloud, habe wirklich nur ich Zugriff auf meine Daten, zum Beispiel in der Service App, die

Online-Bürgerdienste anbieten? Und was passiert mit meinen Daten bei Stromausfall? Außerdem findet sie, dass die persönliche Kommunikation oft auf der Strecke bleibt. Mit vielen Problemen bleibt man allein. Telefonische Hotlines sind häufig überlastet und Onlinehilfen sind für Laien oft unverständlich, findet sie. Lenkt aber ein, dass sie sich nicht allzu viel mit den Möglichkeiten der digitalen Welt beschäftigt.

Glaubenssatz von Beatrice
Es wird heute fast alles elektronisch verarbeitet. Die meiste Zeit verbringe ich am Computer. Schon während der Klientengespräche hämmere ich die Daten und auch die Gesprächsnotizen direkt in den Computer. Es ist leider so. Da muss nicht so viel nachgearbeitet werden.

Interview Beatrice

A:	Hallo Beatrice, wir haben telefoniert und ich freue mich auf das Gespräch. Ah, ich sehe, Sie sind bald zu zweit,
Beatrice:	Genauer gesagt, zu dritt, ich möchte meinen Lebenspartner nicht übergehen.
A:	Selbstverständlich. Klären wir schnell für die Statistik ein paar formale Dinge. Sind Sie gegenwärtig erwerbstätig?
Beatrice:	Ja, ich bin Vollzeit erwerbstätig mit einer wöchentlichen Arbeitszeit von 39 Stunden als Angestellte im öffentlichen Dienst, genauer im Jugendamt. Allerdings bin ich schon im Mutterschutz.

Zum Einstieg: Das Internet

A:	Zunächst möchte ich mit Ihnen ….
Beatrice:	Wir können uns auch gerne duzen.
A:	Das macht es einfacher, danke. Seit wann nutzt du das Internet beruflich und privat
Beatrice:	Privat habe ich mir bereits vor der Jahrtausendwende einen Internetanschluss besorgt. Ich fand es irgendwie cool. Die berufliche Nutzung kam viel später. Ich glaube es war 2006, als wir im Jugendamt einen Internetanschluss bekamen. Und

	der wurde zunächst auch nur von der Amtsleitung genutzt. Wir waren allerdings da schon vernetzt und nutzten bestimmte Datenbanken und Auskunftssysteme für unsere Arbeit.
A:	Wie häufig nutzt du heute beruflich das Internet?
Beatrice:	Mehrmals täglich.
A:	Und wie hat sich die Nutzungsdauer in den letzten Jahren verändert? Wie nutzt du das Internet heute beruflich?
Beatrice:	Ich nutze es häufiger, um mich auf dem Laufenden zu halten. Es ist wichtig für die Jugendarbeit, auf dem Laufenden zu bleiben. Allerdings ist es nicht immer einfach. Mit 38 fühle ich mich noch jung, allerdings gehen Kinder und Jugendliche anders mit dem Internet um als ich.
A:	Spielen soziale Netzwerke wie z. B. Facebook, Xing, LinkedIn oder Google+ für deine berufliche Kommunikation eine Rolle?
Beatrice:	Sollte man meinen, ist aber nicht so. Soziale Netzwerke nutze ich eigentlich eher selten. Ich habe zwar einen Facebook Account, aber kaum Zeit, ihn zu pflegen, außerdem habe ich festgestellt, dass die persönliche Kommunikation ein wenig auf der Strecke bleibt. Es ist einfacher, schnell etwas zu posten, als sich zu verabreden und zu treffen.

Die Digitalisierung und die Arbeitswelt

A:	In der Arbeitswelt und im Privatleben bestimmt die Digitalisierung viele Bereiche unseres Lebens. Wie ist deine Einschätzung: Bringt der digitale Wandel eher Chancen oder eher Risiken für die Gesellschaft mit sich?
Beatrice:	Der digitale Wandel bringt eher Chancen für alle. Wir können doch nicht stehen bleiben.
A:	Und wie stehst Du persönlich dem zunehmenden Einsatz von Computern und dem Internet im beruflichen Alltag gegenüber?
Beatrice:	Manchmal nervt es auch. Vor allem sind es die Mails. Kennst Du das: Es kommt eine Mail und gleichzeitig klingelt das Telefon. Der Absender ist dran und fragt, ob Du die Mail

	schon gelesen hast. Doch insgesamt unterstützt der Computer die Arbeit schon sehr.
A:	Würdest Du sagen, dass Deutschland die Chancen des digitalen Wandels bereits ausreichend nutzt oder hat Deutschland hier noch Nachholbedarf?
Beatrice:	Darüber habe ich mir eigentlich noch keine Gedanken gemacht.
A:	Welche Qualifikationen und Fähigkeiten sind Deiner Meinung nach in der Arbeitswelt von morgen gefragt? Ich nenne Dir jetzt einige Begriffe und Du sagst mir, ob sie sehr wichtig, wichtig, weniger wichtig oder eher unwichtig
A:	Gute Fachkenntnisse?
Beatrice:	Weniger wichtig. Klingt komisch, oder? Ist aber so. Ich nehme wahr, dass mir oft das Denken abgenommen wird. Viele Vorgänge sind bereits so formalisiert, dass man nicht groß nachdenken muss.
A:	Bereitschaft zur Fort- und Weiterbildung?
Beatrice:	Sehr wichtig. Es gibt doch ständig etwas Neues. Und wenn du weiterkommen willst, musst du lebenslang lernen.
A:	Technisches Verständnis und Computerkenntnisse?
Beatrice:	Weniger wichtig. Die Programme sind heute doch alle selbsterklärend und wenn mal etwas nicht so funktioniert, musst Du sowieso einen IT-Profi rufen. Mein Auto verstehe ich auch nicht mehr. Hier habe ich das Gefühl, es versteht mich besser.
A:	Kommunikationsstärke?
Beatrice:	Weiß nicht. Was hat das mit der Digitalisierung zu tun?
A:	Hier ist die allgemeine Arbeitswelt gemeint.
Beatrice:	Ach so. Na ja, dann meine ich, es ist wichtig.
A:	Soziale Kompetenz?
Beatrice:	Sehr wichtig. Allerdings brauche ich diese auch für meine Tätigkeit.
A:	Hoher Bildungsabschluss?
Beatrice:	Gute Bildung ist immer wichtig. Allerdings denke ich, dass die digitale Welt einem das Denken abnimmt.
A:	Leistungsbereitschaft?

Beatrice:	Sehr wichtig.
A:	Gute Allgemeinbildung?
Beatrice:	Sehr wichtig, ist leider aber immer weniger vorhanden. In meinem Alltag höre ich oft, wenn ich nicht weiß, guck ich Internet. Ist doch furchtbar oder?
A:	Durchsetzungsvermögen?
Beatrice:	Die Konkurrenz schläft nicht, wenn Du weiterkommen willst, ist Durchsetzungsstärke wichtig. Mir ist es nicht so wichtig, ich strebe keine große Karriere an. Meine kleine Familie ist mir wichtiger.
A:	Flexibilität, auf Neues reagieren zu können?
Beatrice:	Sehr wichtig. Sonst bleibst du auf der Strecke.
A:	Wie zufrieden bist du mit deinem derzeitigen Arbeitsplatz?
Beatrice:	Es wäre gut, wenn ich für meine Klienten mehr Zeit hätte. Fehlendes Personal macht den Tag manchmal zur Hölle.
A:	Durch die zunehmende Digitalisierung hat sich ja vieles im Arbeitsleben verändert. Wie stark hat sich Ihr Arbeitsplatz alles in allem verändert?
Beatrice:	Es wird heute fast alles elektronisch verarbeitet. Die meiste Zeit verbringe ich am Computer. Schon während der Klientengespräche hämmere ich die Daten und auch die Gesprächsnotizen direkt in den Computer. Es ist leider so. Da muss nicht so viel nachgearbeitet werden.
A:	Inwieweit erlebst Du die Veränderungen bei Deiner Arbeit durch die zunehmende Verwendung von Computern und Internet?
Beatrice:	Aber meine Arbeit ist anspruchsvoller geworden. Ich kann schneller und effizienter arbeiten. Allerdings bleibt die Transparenz auf der Strecke.
A:	Was meinst du damit?
Beatrice:	Ich fühle mich manchmal überfordert, wenn ich neuen Kollegen unser Programm erklären soll. Die Logik erschließt sich mir als Laie nicht. Und wenn dann Fragen kommen, warum die Daten so und nicht anders zu erfassen sind, bin ich aufgeschmissen.

A: Ja, das verstehe ich. Aber darüber bin ich hinweg. Ich verstehe meine vollelektronische Waschmaschine auch nicht und schaffe es trotzdem, saubere Wäsche zu erhalten.

(Beide lachen)

A: Machen wir weiter mit dem Thema: wie die Digitalisierung meine Arbeit verändert hat.
Beatrice: Es hat alles seine Vor- und Nachteile. Auf der einen Seite wird verlangt, ständig erreichbar zu sein. Auf der anderen Seite ist es bequem und einfacher, verschiedene Kommunikationswege dafür zu nutzen. Ich kann mir besser einteilen, wo und wann ich arbeite. Allerdings hat dadurch auch der Arbeitsdruck zugenommen.
A: Weil …?
Beatrice: Dadurch hat sich die zu verarbeitende Informationsmenge verdoppelt.
A: Das ging jetzt sehr schnell mit deinen Antworten.
Beatrice: Ja, ich habe bei der Beantwortung gemerkt, dass die Aussagen so ziemlich die Situation meines Arbeitsplatzes spiegeln.
A: Wenn du an die Herausforderungen durch die Digitalisierung in der Verwaltung, für die du arbeitest, denken: Bist du der Meinung, sie ist auf dem neuesten Stand?
Beatrice: Kann ich so nicht beurteilen: Darüber habe ich mir noch keine Gedanken gemacht. Allerdings fällt meinen Kollegen und mir in manchen Gesprächen auf, dass die Programme teilweise mehr können sollten. Es gibt immer wieder Einschränkungen, so muss noch vieles ausgedruckt, unterschrieben und wieder eingescannt werden. Das ist doch blöd, oder?
A: Was meinst du, werden durch die zunehmende Digitalisierung Arbeitsplätze geschaffen oder fallen Arbeitsplätze weg oder ändert sich da in der Summe nicht so viel?
Beatrice: In der Verwaltung wird sich im Großen und Ganzen nicht viel ändern.

A:	Werden durch die Digitalisierung eher Arbeitsplätze für Geringqualifizierte im Niedriglohnsektor oder Arbeitsplätze für Höherqualifizierte oder für beide Gruppen geschaffen?
Beatrice:	Für Geringqualifizierte im Niedriglohnsektor wird es eng. Es werden Arbeitsplätze für Geringqualifizierte im Niedriglohnsektor eher wegfallen.
A:	Könnte dein Arbeitsplatz durch die Folgen der Digitalisierung in absehbarer Zeit ersetzt werden?
Beatrice:	Nein. Im Gegenteil. Meine Arbeit im Jugendamt wird noch an Bedeutung gewinnen. Auch hier hat die zunehmende Digitalisierung des Alltags ihre Finger im Spiel.
A:	Wie meinst du das?
Beatrice:	Soziale Vereinzelung von Eltern und Kindern durch Handy, Tablet und Co.
A:	Ist das nicht eine kühne Behauptung?
Beatrice:	Nein, eine These, die ich in meinem Arbeitsalltag aufgestellt habe, wenn ich meine Klientel so betrachte. Aber das würde hier zu weit führen. Oder möchtest du mehr hören?
A:	An sich gerne. Aber das wäre eine andere Untersuchung und würde den Rahmen vielleicht ein wenig sprengen. Ich möchte noch gerne etwas zum Thema Flexibilisierung der Arbeit von dir wissen. Ich habe hier zwei Meinungen. Welcher Meinung stimmst Du eher zu? Flexibilisierung der Arbeit bedeutet für mich vorrangig mehr Freiheit, die Arbeit selbst zu gestalten oder eher mehr Druck, ständig verfügbar zu sein.
Beatrice:	Sowohl als auch. Es kommt doch immer darauf an, in welcher Position ich mich befinde.
A:	Was meinst du: Wird in Zukunft durch die Digitalisierung der Anteil derer, die befristet oder als Leiharbeiter angestellt sind, eher zunehmen, eher abnehmen oder wird die Digitalisierung darauf keinen Einfluss haben?
Beatrice:	Die Digitalisierung wird darauf keinen Einfluss haben. Aber genau weiß ich das nicht. Spielt hier im Amt auch keine Rolle.

A: Wagen wir uns doch mal auf das politische Parkett. Wenn es um die Arbeitswelt von morgen geht, ist deiner Meinung die Politik generell gefordert, aufgrund der Veränderungen durch die Digitalisierung neue Rahmenbedingungen zu schaffen oder halten Sie das für nicht notwendig?
Beatrice: Da bin ich überfragt.
A: Durch die Digitalisierung verändern sich die Anforderungen, die der Arbeitsmarkt stellt. Was meinst du: Bereiten die Schulen alles in allem die Schülerinnen und Schüler auf diese neuen Anforderungen des Arbeitsmarktes gut vor oder müssten sie mehr tun?
Beatrice: Die Schulen müssten viel mehr tun. Die meisten Schüler gehen mit Computern besser um als ihre Lehrer. Das bekomme ich im Amt immer wieder mit. Da passt etwas nicht zusammen. Andererseits haben viele Jugendliche auch keinen Plan.
A: Woran denkst du da genau? Was müsste deiner Meinung nach an den Schulen verbessert werden? Sollten die Lehrinhalte den neuen Anforderungen angepasst werden? Reicht die digitale Ausstattung der Schulen?
Beatrice: Ich denke, da ist noch viel Luft nach oben. Ich hoffe, dass mein Kind in eine Schule kommt, die den Anforderungen, die die Welt da draußen stellt, gerecht wird.
A: Es ist geschafft, Vielen Dank für deine Geduld und deine Ausführungen. Hast du noch etwas, was vielleicht nicht zur Sprache kam?
Beatrice: Hm, nein ich denke nicht. Auf jeden Fall haben mich aber ein paar Fragen zum Nachdenken angeregt. Kann ich den Fragebogen haben? Ich würde den – wenn auch nicht komplett – gerne mal mit den Kollegen im Amt durchgehen. Da kommt bestimmt noch viel mehr zusammen, als du von mir heute bekommen hast.
A: Aber gerne.
Beatrice: Und ich bin ein wenig nachdenklich geworden. Was Digitalisierung eigentlich wirklich bedeutet. Vieles ist einfacher aber auch schneller geworden. Ein Leben ohne Online kann

A:	man sich wohl nicht mehr vorstellen. Aber ist das alles auch immer sinnvoll? Was meinst du?
Beatrice:	Nimmt uns die Digitalisierung nicht auch ein wenig unsere Freiheit? Was passiert denn, wenn mal Stromausfall ist. Sind wir dann noch in der Lage, uns in der analogen Welt zu Recht zu finden.
A:	Das versuchen wir mit unseren Forschungen auch herauszufinden. Noch mal vielen Dank und noch einen schönen Tag.

Tommy – 62, Taxifahrer

O:	Weiter geht es mit Tommy.
A:	Ich bin gespannt, wen du dir nun ausgesucht hast.
O:	Tommy ist Taxifahrer.
A:	Schon wieder ein Multiplikator?
O:	Natürlich. Und wieder jemand, der von Natur aus am klaren Wort interessiert ist.
A:	Aber wo ist der Bezug zur Digitalisierung?
O:	Er hält selbstfahrende Autos für verstörend.
A:	Nachvollziehbar. Zudem bedrohen sie seinen Berufsstand.
O:	Auch das. Aber auch insgesamt hat er einen gewissen Abstand zum Digitalen. Auch wenn er mit allerlei Apps hantieren muss, die sein Chef ihm aufdrückt. Er vermisst den Taxiruf.
A:	Aber das mit den Taxiapps ist schon nicht unpraktisch. Neulich z. B. da war ich in Lübeck, auf Dienstreise, habe ich Dir schon von diesem fürchterlichen Hotel erzählt? Zigfach überbucht und ich sollte einfach irgendwo in die Wallachei ausgelagert werden und stell dir mal vor, dann hat der Hotelfritze auch noch das ganze Frühstück berechnet, obwohl ich nur einen einzigen Kaffee …

O:	Komm zum Punkt!
A:	Mimimi. Das ist auch wichtig!
O:	Jaja.
A:	Ok, dann halt nicht.
O:	Jedenfalls hat Tommy auch einiges über seine Kundschaft zu berichten gehabt.
A:	Das könnte in der Tat sehr interessant sein.
O:	Das ist es auch. Tommy ist auf jeden Fall auch einer von denen, denen man unbedingt zuhören sollte.
A:	Na dann lass doch mal lesen, was er so gesagt hat.
O:	Bitte sehr.

Tommy's Glaubenssatz

Heute kennt doch keiner mehr den Taxiruf. Die rennen alle nur mit ihren Geräten herum und starren da druff. Da gab es doch mal dieses Wort „Smombie" oder so … das passt schon ganz gut. Früher hat man sich auch mehr unterhalten in der Taxe. Heute tippen und wischen die alle auf ihren Geräten herum. Aber auf der anderen Seite konnte man früher auch mal einfach Pause machen. Ein Nickerchen an einer ruhigen Stelle, wo nicht unbedingt Laufkundschaft kam. Das ist heute gar nicht mehr drin. Der Chef sieht ja immer, wo ich bin. Und der bimmelt mich auch schon mal an, wenn ich zu wenig Umsatz mache.

Interview Tommy

Damit wir wissen, wer Sie sind, hier ein paar allgemeine Fragen zur Einstimmung:

O: Sagen Sie mir bitte, wie alt Sie sind?
Tommy: Ich bin 62 Jahre alt.
O: Geschlecht?
Tommy: männlich.
O: In welcher Position sind Sie hier tätig, bzw. welchen Bezug haben Sie?
Tommy: Ich bin der Steuermann. Sozusagen. Immer hinterm Lenkrad. Bezug? Leder. Was anderes kommt mir nicht auf den Fahrersitz. Aber auf den anderen Sitzen ist Kunstleder. Aber einfach nur, weil man das besser abwischen kann. Und ich sage Ihnen, dass das schon mal notwendig wird in meiner Branche. Aber im Ernst. Ich fahre hin und wieder mal den Minister. Soll ja vorkommen, dass nichts aus dem Fuhrpark verfügbar ist.

Zum Einstieg: Das Internet

O: Seit wann nutzen Sie das Internet beruflich und privat
Tommy: Da muss ich überlegen. Ich glaube so 2012 hat mein Chef diese Handys angeschafft mit denen wir über „mytaxi" Aufträge bekamen. Er war da sehr früh mit dabei. Kurz danach hab´ ich mir auch so ein Teil gekauft. Da wurde nämlich mein Enkel geboren und die leben in München Fragen Sie mich nicht, warum die ausgerechnet da hingezogen sind. Da habe ich mit dem WhatsApp es echt gut, mit den ganzen Fotos und Videos, die man so schicken kann.
O: Wie häufig nutzen Sie beruflich das Internet?
Tommy: Eigentlich immer. Dieses MyTaxi Ding läuft immer, wenn ich in der Taxe sitze. Da bimmelt auch immer irgendetwas.

Die Digitalisierung und die Arbeitswelt

O: In der Arbeitswelt und im Privatleben bestimmt die Digitalisierung viele Bereiche unseres Lebens. Nach der Einführung der eAkte und weiterer IT-gestützten Prozesse hat sich die

	Arbeit verändert. Wie ist Ihre Einschätzung: Bringt der digitale Wandel für Sie eher Chancen oder eher Risiken mit sich?
Tommy:	Beides gleichermaßen. Heute kennt doch keiner mehr den Taxiruf. Die rennen alle nur mit ihren Geräten herum und starren da druff. Da gab es doch mal dieses Wort „Smombie" oder so … das passt schon ganz gut. Früher hat man sich auch mehr unterhalten in der Taxe. Heute tippen und wischen die alle auf ihren Geräten herum. Aber auf der anderen Seite konnte man früher auch mal einfach Pause machen. Ein Nickerchen an einer ruhigen Stelle, wo nicht unbedingt Laufkundschaft kam. Das ist heute gar nicht mehr drin. Der Chef sieht ja immer, wo ich bin. Und der bimmelt mich auch schon mal an, wenn ich zu wenig Umsatz mache.
O:	Ja. Und wie ist das für Sie persönlich?
Tommy:	Ich finde das unangenehm. Taxifahren hatte für mich auch den Charme der Eigenständigkeit. Das kommt tatsächlich gerade ziemlich abhanden. Aber ich habe gar keine andere Wahl, als mich von den ganzen Apps überwachen und verfolgen zu lassen.
O:	Und würden Sie sagen, dass die Chancen des digitalen Wandels bereits ausreichend genutzt werden oder hat die Verwaltung (oder auch Deutschland) hier noch Nachholbedarf?
Tommy:	… nicht nur die Verwaltung, sondern auch Deutschland insgesamt hat noch Nachholbedarf. Ich verstehe immer nicht, warum das bei uns alles so kompliziert sein muss. Die machen immer ein Riesengedöns um alles. Was ich alles als Papier in der Taxe herumfahren muss, glaubt mir kein Mensch. Genehmigungen, Ausnahmegenehmigungen, Rechnungen all so Gedöns. Das könnte man doch alles irgendwo speichern …
O:	Welche Qualifikationen und Fähigkeiten sind aus Ihrer Sicht jetzt gefragt?
Tommy:	Kommunikationsstärke und Flexibilität, auf Neues reagieren zu können.

O:	Wenn Sie an die Herausforderungen durch die Digitalisierung denken: Sind Sie da der Meinung, die Verwaltung tut genug, um auf dem neuesten Stand zu sein?
Tommy:	Kann ich nicht beurteilen.
O:	Was meinen Sie, werden durch die zunehmende Digitalisierung Arbeitsplätze geschaffen oder fallen Arbeitsplätze weg oder ändert sich da in der Summe nicht so viel?
Tommy:	Es fallen eher Arbeitsplätze weg.
O:	Könnte Ihr Arbeitsplatz durch die Folgen der Digitalisierung in absehbarer Zeit ersetzt werden?
Tommy:	Ja. Natürlich. Sobald Roboterautos wirklich funktionieren.
O:	Und wie beeinflusst das ihre Arbeit?
Tommy:	Das mit diesen selbstfahrenden Autos ist schon etwas verstörend für mich. Aber wissen se: Ich muss noch drei oder fünf Jahre fahren. Und so lange wird es mit Sicherheit noch Menschen geben, die sich NICHT von einem Roboter fahren lassen möchten. Und das ist dann meine Chance. Hier fährt noch Mensch. Hier darf man sein. Hier gibt es noch den echten Tratsch über Hertha und den BER. Übrigens: Ich höre auf, wenn sie den eröffnen. Das tue ich mir nicht mehr an … da können dann schön die Roboter hinfahren. Sollen sie.

Digitalisierung und persönliche Einschätzung

O:	Wenn es um die Arbeitswelt von morgen geht, ist Ihrer Meinung nach die Politik generell gefordert, aufgrund der Veränderungen durch die Digitalisierung neue Rahmenbedingungen zu schaffen oder halten Sie das für nicht notwendig?
Tommy:	Die Politik ist gefordert, neue Rahmenbedingungen zu schaffen! Die müssen echt aufpassen, dass das mit dem ganzen Computerkram nicht so wird, dass man den Menschen nicht mehr braucht. Da muss man aufpassen. Wirklich.

O:	Durch die Digitalisierung verändern sich die Anforderungen. Was meinen Sie: Bereiten die Schulen alles in allem die Schülerinnen und Schüler auf diese neuen gut vor oder müssten sie mehr tun?
Tommy:	Die Schulen müssten mehr tun.
O:	Woran denken Sie da genau? Was müsste Ihrer Meinung nach an den Schulen verbessert werden?
Tommy:	Die Lehrinhalte sollten den neuen Anforderungen angepasst werden. Die Schulen sollten besser mit Computern und Internet ausgestattet werden. Die Lehrer sollten im Umgang mit Computern und Internet besser ausgebildet werden.
O:	Wie viele Personen leben ständig in Ihrem Haushalt, Sie selbst eingeschlossen?
Tommy:	Alleene. Wovon sollte ich denn auch eine Familie ernähren?
O:	Welchen höchsten Bildungsabschluss haben Sie?
Tommy:	Abitur und fast zu Ende studiert. Sagen se nüscht. Ich erfülle damit jedes Klischee.
O:	Haben Sie bei sich zu Hause einen privat genutzten Zugang zum Internet?
Tommy:	Ja, gibt es denn überhaupt noch Leute, die das nicht haben?

Nicole – 26 Jahre, Assistentin der Geschäftsführung eines mittelständischen Beratungsunternehmens

O:	Und? Wen triffst du heute?
A:	Heute bin ich mit Nicole verabredet. Leider ist sie viel beschäftigt und hat wenig Freizeit. Daher muss ich jetzt auch los. Der Reiterhof liegt im Brandenburgischen und jetzt ist bald der Feierabendverkehr.

O: (Lacht) Du kannst reiten?
A: Ja und? So ein Interview zu Pferd ist doch mal etwas Anderes.
O: Nicht dein Ernst?
A: Keine Sorge. Ich trage einen Helm. *(Sie lacht und geht.)*

Nicole

Unterwegs schaue ich noch schnell in meine Unterlagen.

Nicole ist 26 Jahre und Single. Sie hat Wirtschaftskommunikation studiert und arbeitet seit zwei Jahren als Assistentin der Geschäftsleitung in einem mittelständischen Beratungsunternehmen. Bei der Wahrnehmung ihrer Aufgaben ergeben sich häufig Berührungspunkte mit der öffentlichen Verwaltung. Sie ist ehrgeizig und will sich noch weiterentwickeln und arbeitet darauf hin, zukünftig als Projektmanagerin eingesetzt zu werden. Das Unternehmen, für das sie arbeitet, betreut vornehmlich Digitalisierungsprojekte in der öffentlichen Verwaltung. Die digitale Welt bietet ihr die ideale Grundlage für ihre Karriere.

In ihrer Freizeit spielt sie Fußball oder reitet gerne. Für ausgiebige Reisen, wie sie sie während ihrer Studienzeit unternommen hat, bleibt im Moment keine Zeit. Sie begnügt sich mit Kurztrips mit Freundinnen oder verbringt ein paar Tage im Ferienhaus ihrer Eltern auf Mallorca.

Ich frage sie nach ihren persönlichen Motiven, sich mit dem Thema Digitalisierung auseinanderzusetzen. Sie wünscht sich die zunehmende Digitalisierung als Möglichkeit, Arbeit und Privatleben flexibler zu gestalten.

Gibt es etwas, das sie kritisch sieht?

Kritisch sieht sie nur die doch sehr zögerliche Digitalisierung der Berliner Verwaltung. Es gibt zwar eine Menge Projekte und auch strategische Programme. Aber nichts geht so richtig voran. Sie sieht hier die Politik in der Verantwortung. Die gesetzlichen Grundlagen sind zwar da, aber sie wird das Gefühl nicht los, dass keiner so richtig im Stande ist, diese auch umzusetzen.

Ich frage sie, was bringt uns der digitale Wandel?

Für Nicole erleichtert die Digitalisierung alles. Sie ist der festen Überzeugung, dass gleichbleibende Abläufe digital nicht nur einfacher und schneller, sondern auch wesentlich effizienter bearbeitet werden ohne jedoch den Menschen aus dem Blick zu verlieren. Ihr Credo lautet: „Der digitale Wandel soll dem Menschen dienen, nicht umgekehrt". Dazu zählt auch der Wunsch, so Arbeit und Leben flexibler gestalten zu können.

Selbstverständlich treffen wir uns nicht auf dem Reiterhof. Ich treffe Nicole bei strahlendem Sonnenschein in einem kleinen Park in Berlin Mitte. Sie gönnt sich eine Mittagspause und ich die Gelegenheit, sie zu interviewen. Ich warne sie, dass es vielleicht ein wenig länger dauern könnte. Damit hat sie kein Problem, ihr Chef ist im Urlaub und sie hat keine fixen Termine. Ihre Arbeit kann sie später auch von zu Hause aus erledigen. Mobiles Arbeiten heißt das Zauberwort.

Ich zeige ihr den Fragebogen und wir beschließen die Einstiegsfragen zu überspringen. Sie dienen eh nur dem Warm-Up und spielen in der späteren Auswertung und Bewertung nur eine untergeordnete Rolle.

Nur so viel: Sie ist quasi mit dem Internet aufgewachsen und nutzt es heute genauso intensiv wie zu Schul- und Studienzeiten. Soziale Netzwerke nutzt sie sowohl privat als auch für ihre berufliche Kommunikation? Networking heißt das Zauberwort, ohne das geht nichts, sagt Nicole.

Wir plaudern noch ein wenig über Xing, Facebook und Co einigen uns auf Du.

Nicole's Glaubenssatz
Die Digitalisierung der Welt ist eine Tatsache. Das lässt sich nicht wegdiskutieren. Sie schreitet voran. Schlagworte wie „Digitale Transformation" und „Industrie 4.0" werden bemüht, um klar zu machen, wie einschneidend die Veränderung unseres Lebens ist.

Interview Nicole
Die Digitalisierung und die Arbeitswelt

A:	Jetzt sollten wir aber loslegen. Beginnen wir mit dem Themenkomplex Digitalisierung und die Arbeitswelt. In der Arbeitswelt und im Privatleben bestimmt die Digitalisierung viele Bereiche unseres Lebens. Wie ist Deine Einschätzung: Bringt der digitale Wandel eher Chancen oder eher Risiken für die Gesellschaft mit sich?
Nicole:	Der digitale Wandel bringt eher Chancen als Risiken, wenn man es richtig macht.
A:	Und wie stehst Du persönlich dem zunehmenden Einsatz von Computern und dem Internet im beruflichen Alltag gegenüber?
Nicole:	Sehr positiv.
A:	Würdest Du sagen, dass Deutschland die Chancen des digitalen Wandels bereits ausreichend nutzt oder hat Deutschland hier noch Nachholbedarf?
Nicole:	Deutschland hat sicher noch Nachholbedarf.
A:	Jetzt kommt der Mensch ins Spiel. Welche Qualifikationen und Fähigkeiten sind Deiner Meinung nach in der Arbeitswelt von morgen gefragt? Wir haben ein paar Merkmale zusammengestellt. Nimm bitte jeweils folgende Kategorisierung vor: „sehr wichtig, wichtig, weniger wichtig oder unwichtig." (Ich lege Ihr die Liste der Qualifikationen und Fähigkeiten hin).
Nicole:	Das ist jetzt nicht dein Ernst. Diese Eigenschaften sind doch zusammengewürfelt und passen auf so ziemlich alles und jeden. Es kommt doch darauf an, an welcher Position ich mich befinde oder welche Tätigkeit ich ausübe. Bringen wir

	die Eigenschaften also in Beziehung auf Tätigkeiten, dann kann ich auch antworten.
A:	Gut, versuchen wir es anders. Wie würdest du deine aktuelle Tätigkeit einschätzen? Uns ist es wichtig, zu erfahren, ob sich in der Arbeitswelt durch den Einsatz digitaler Medien etwas verändert hat. Benötigen wir mehr oder weniger von etwas, das wir vor dem Wandel benötigten.
Nicole:	Ich versuche das zunächst am Beispiel meiner Arbeit als Assistentin der Geschäftsführung zu beschreiben: Also gute Fachkenntnisse sind hier nicht so wichtig. Ich muss über alles informiert sein und so flexibel sein, dass ich mich jederzeit auf neue Situationen einstellen kann. Kommunikation ist alles und eine gute Bildung ist nicht hinderlich. Ich bin durchsetzungsstark und leistungsstark. Also das klingt jetzt nach einem Bewerbungsgespräch. Wichtig ist doch, dass ich meine Fähigkeiten einsetzen kann und meinen Job gut mache. Aber ich möchte hier noch etwas Anderes ansprechen. Wie nehmen wir die Menschen eigentlich mit in die digitale Welt? In den Projekten, die wir begleiten ist das die zentrale Frage. Was ist der eigentliche Human Factor?
A:	Gilt das auch für die Ausgestaltung der zukünftigen Arbeit?
Nicole:	Selbstverständlich.
A:	Wie wichtig sind dann aus deiner Sicht folgende Merkmale der Arbeit?
Nicole:	Wir sind wieder bei den Interviewfragen?
A:	Ja.
Nicole:	Gut, aber bevor wir hier weitermachen, gib mir fünf Minuten noch etwas auszuholen.
A:	Okay.
Nicole:	Bei Projekten, in denen es um die Digitalisierung von Prozessen geht oder die Einführung von neuen digitalen Verfahren ist es wichtig, von Beginn an alle Beteiligten mitzunehmen. Da ist es hilfreich, zunächst potenzielle Bedenken hinsichtlich der Einführung eines neuen Verfahrens zu erfahren. Bezieht man alle mit ein, erfährt man

schneller, welches die relevanten Prozesse sind, die es zu betrachten gilt, bevor man sich an die eigentliche Arbeit macht. Gleichzeitig gewinnt man auch Erkenntnisse, was außerdem zu berücksichtigen ist, z. B. welche Prozesse und Fachverfahren mit betrachtet werden müssen. Sind Schnittstellen zu schaffen und wie ist der Schulungs-, bzw. Qualifizierungsbedarf aller Beteiligten?

Digitalisierung und persönliche Einschätzung

A: Heißt das, der menschliche Faktor ist ein wichtiger Faktor für einen Projekterfolg?

Nicole: Ja, genau das meine ich. Die Digitalisierung der Welt ist eine Tatsache. Das lässt sich nicht wegdiskutieren. Sie schreitet voran. Schlagworte wie „Digitale Transformation" und „Industrie 4.0" werden bemüht, um klar zu machen, wie einschneidend die Veränderung unseres Lebens ist.

Die rasante technische Entwicklung zeigt uns doch, mit was wir es zu tun haben. Produktlebenszyklen werden immer kürzer. Unser Alltag – beruflich und privat – ist einem kontinuierlichen Veränderungsprozess ausgesetzt. Wir sind auf die Komplexität des digitalen Wandels nicht genug vorbereitet. Ich habe jedenfalls kein Patentrezept, wie man diesem ständigen Wandel gegenübertritt.

A: Wie kommen wir hier dann aber weiter?

Nicole: Jede Organisation besteht aus Menschen, die miteinander arbeiten. In einer digitalisierten Welt steht der Mensch im Mittelpunkt.

A: Ist das dein Ernst? Ich bin immer davon ausgegangen, dass der Technikeinsatz den Alltag bestimmt.

Nicole: Nein im Zentrum der Veränderungsprozesse im Rahmen der digitalen Transformation stehen wir. Für eine erfolgreiche Arbeit müssen die Voraussetzungen stimmen, dass Menschen diesen Wandel auch vollziehen und mitgestalten können. Um diesem menschlichen Faktor Rechnung zu tragen, braucht es unmittelbarere Formen der Zusammenarbeit und

	der Kommunikation. Und hier kommt etwas ins Spiel, dass gerade in der öffentlichen Verwaltung bislang nicht so wichtig war: Eine geeignete Leitkultur.
A:	Jetzt verstehe ich deine Ausführungen. Erst eine geeignete Unternehmenskultur schafft die Voraussetzungen für einen erfolgreichen Wandel.
Nicole:	Ja, wir müssen, neben der Einführung von digitalen Prozessen, Organisationsformen etablieren, in der die Menschen, die damit arbeiten sollen, Veränderung nicht als Bedrohung, sondern als Chance wahrnehmen. Wie war nochmal deine Frage?
A:	Ich habe hier ein paar Eigenschaften, die für die Arbeit wichtig sein könnten und welche auch auf deine Tätigkeit zutreffen. Aber die Frage hast Du mir schon mehr oder weniger beantwortet. Auf jeden Fall habe ich etwas über den Human Factor gelernt. Und Du hast mir den Anstoß gegeben, unseren Interviewleitfaden noch einmal zu überdenken. Allerdings gibt es doch bei jeder Arbeit Faktoren, die für die Menschen wichtig sind. Wie wichtig sind sie für Dich?
Nicole:	Wenn ich mir die Liste so betrachte, kann ich zu allem sagen, sie sind wichtig bis sehr wichtig. Auf mich trifft nicht alles zu. Aber ich stehe ja auch noch ziemlich am Anfang meiner Karriere und Familie habe ich noch keine. Doch so viel kann ich sagen, meine Arbeit macht mir Spaß, aber ich will noch weiterkommen. Mein Einkommen ist okay. Ein sicherer Arbeitsplatz ist noch nicht so wichtig. Ich will mich auf jeden Fall noch weiterbilden und mein jetziger Arbeitgeber gibt mir auch diese Möglichkeit. Selbstständiges und eigenverantwortliches Arbeiten und Aufstiegsmöglichkeiten sind ist mir sehr wichtig. Alles Weitere ist für mich nicht so relevant.
A:	Die nächsten Fragen können wir überspringen. Deine Ausführungen beinhalten schon einiges, davon.
Nicole:	Der digitale Wandel begleitet mich ja schon seit meinem Studium. Dadurch und durch den Job bin ich mit allem ver-

	traut und kann auch mit großen Veränderungen umgehen. Ich gehöre wohl zur Generation Y.
A:	??
Nicole:	Na, ja uns Ypsiloner sagt man doch nach, wir können super improvisieren. Wir können uns auf jede Lebenslage einstellen. Das Leben ist durch den rasanten Wandel eh nicht mehr so planbar wie früher. Damit kann ich umgehen. Ich nutze die Vorteile, die sich mir bieten und wäge ab, was mir gefällt oder nicht gefällt, dann entscheide ich. War es falsch, beginne ich von vorn. Das macht sich auch im beruflichen Alltag bemerkbar. Ich bin zwar ehrgeizig, aber ich achte auch auf meine Grenzen.
A:	Wenn du an die Herausforderungen durch die Digitalisierung denkst: Sind Sie da der Meinung, ihr Arbeitgeber tut genug, um auf dem neuesten Stand zu sein?
Nicole:	Da ist immer noch genug zu tun. Allerdings will ich das hier nicht beurteilen. Hier halte ich mich zurück
A:	Was meinst du, werden durch die zunehmende Digitalisierung Arbeitsplätze geschaffen oder fallen Arbeitsplätze weg oder ändert sich da in der Summe nicht so viel?
Nicole:	Es ändert sich in der Summe nicht so viel. Es wird eher andere Anforderungen geben und ich befürchte, dass die Bildungssysteme hinterherhinken. Schon heute fehlen jede Menge Fachkräfte. Und es wird nicht besser.
A:	Könnte dein Arbeitsplatz durch die Folgen der Digitalisierung in absehbarer Zeit ersetzt werden?
Nicole:	Auf keinen Fall. Ich werde bis zur Rente genug zu tun haben. Und meine Karrierechancen sind ideal. Allerdings habe ich auch festgestellt, dass sich die Aufgaben gar nicht so sehr verändert haben. Allerdings habe ich festgestellt, dass sich durch die fortschreitende Digitalisierung ein deutlicher Veränderungsdruck ergibt. Dazu kommt die Notwendigkeit, das zunehmend Flexibilität gefordert wird, wenn manchmal auch nur scheinbar.
A:	Wie meinst du das?

Nichole: Na ja, die Aufgaben verändern sich nicht nur die Art, wie sie erledigt werden, erneuert sich. Das ist auch eine Herausforderung für viele, da es auch darum geht die Organisation den Veränderungen anzupassen. Prozesse verändern sich. Mit der voranschreitenden Digitalisierung können Abläufe verkürzt werden. Das steigert auf der anderen Seite auch den Erwartungsdruck, mehr in kürzerer Zeit zu erledigen.

A: Kommen wir zurück zur Flexibilität. Zum Thema Flexibilisierung der Arbeit haben wir zwei Meinungen gehört. Welcher Meinung stimmst du eher zu? Flexibilisierung der Arbeit bedeutet für mich vorrangig mehr Freiheit, die Arbeit selbst zu gestalten oder mehr Druck, ständig verfügbar zu sein.

Nicole: Hier kann ich mit nicht entscheiden. Es treffen beide Aussagen voll auf meine Situation zu. Viele Projekte befinden sich permanent in einer Erneuerungsphase. Immer wieder kommen Aspekte dazu, die einen weiteren Wandel erfordern. Das erhöht den Druck, alle Möglichkeiten zu betrachten und auch mal erneut entscheiden, die Richtung zu wechseln.

A: Das hört sich sehr aufreibend an.

Nicole: Ja, aber auch sehr spannend. Es gibt aber auch Grenzen. Entwicklungsprojekte in der öffentlichen Verwaltung sind oft strengen Regeln ausgesetzt, Hier spielen Gesetze, Verordnungen eine viel größere Rolle als in der privaten Wirtschaft. Flexibilität stößt hier schnell an Grenzen.

A: Eine Frage zu diesem Komplex habe ich noch: Wenn du an die Herausforderungen durch die Digitalisierung denkst: Bist du da der Meinung, dein Arbeitgeber tut genug, um auf dem neuesten Stand zu sein?

Nicole: Hier kann ich mich nicht beklagen. Unsere Geschäftsführung hat eine sehr gute IT-Strategie. Unsere technische Entwicklung ist auf einem guten Weg.

Digitalisierung, Bildung und Politik

A: Wenn es also um die Arbeit von morgen geht, ist deiner Meinung nach die Politik generell gefordert, aufgrund der Veränderungen durch die Digitalisierung neue Rahmenbedingungen zu schaffen oder hälst du das für nicht notwendig?

Nicole: Ganz ohne Frage ist die Politik gefordert, die notwendigen Rahmenbedingungen für die digitale Verwaltung zu schaffen.

A: Kannst Du das kurz noch ein wenig ausführen?

Nicole: Oh je, kurz? Das wird schwierig. Ich nenne hier nur mal ein paar Stichworte: Flexible Tarifmodelle für Fachkräfte, Modernisierung von Verwaltungsvorschriften, genügend Budget und Berücksichtigung der notwendigen Nachhaltigkeit. Es reicht ja nicht, einmal Geld in die Hand zu nehmen. Die Digitalisierung unterliegt einem ständigen Wandel, das muss bei der Mittelberechnung langfristig berücksichtigt werden.

A: Ja, ähnliche Aussagen habe ich auch in anderen Interviews erhalten. Kommen wir in diesem Zusammenhang zu einem weiteren Aspekt. Durch die Digitalisierung verändern sich die beruflichen Anforderungen. Was meinst du: Bereiten die Schulen alles in allem die Schülerinnen und Schüler auf diese neuen Anforderungen des Arbeitsmarktes gut vor oder müssten sie mehr tun?

Nicole: Da muss ich passen. Hier habe ich zu wenig Einblick.

A: Ich habe nur noch eine Frage: Ist die Verwaltung heute gut gerüstet für die digitale Transformation und wird sie den Ansprüchen gerecht?

Nicole: Welche Ansprüche meinst du?

A: Na, zum Beispiel: wird die heutige Verwaltung dem kulturellen Wandel der Gesellschaft gerecht?

Nicole: Hier besteht auf jeden Fall noch erheblicher Nachholbedarf. Von außen hat man den Eindruck, dass sich die Verwaltung doch mehr mit sich selbst beschäftigt. Das ändert sich nur kurzfristig, wenn Wahlen vor der Tür stehen. Da gibt es voll-

	mundige Versprechen, an denen dann in der jeweiligen Legislaturperiode gebastelt wird, um dann am Ende festzustellen, dass man doch erheblich mehr Zeit benötigt. Und wenn man so manche Programme näher betrachtet, muss man leider feststellen, dass die wenig nachhaltig sind.
A:	Hast du dafür ein Beispiel?
Nicole:	Auf die Schnelle fällt mir da der „Digitalpakt Schule" ein. Hier wird eine Menge Geld für die Digitalisierung in den Schulen bereitgestellt und jede Schule soll sich selber überlegen, was zu tun ist. Ich habe gelernt, erst kommt die Idee, dann der Plan und ein umsetzbares Konzept, dann weiß ich auch, wie viel ich brauche, um die Idee umzusetzen.

Fakten

Mit dem DigitalPakt Schule wollen Bund und Länder für eine bessere Ausstattung der Schulen mit digitaler Technik sorgen. Um das Ziel zu erreichen, haben Bund und Länder die Verwaltungsvereinbarung für den DigitalPakt unterzeichnet. Damit startet der DigitalPakt am 17. Mai 2019. Zuvor haben Bundestag und Bundesrat Artikel 104c des Grundgesetzes geändert und damit die verfassungsrechtliche Grundlage für den DigitalPakt Schule geschaffen. Die neue Vorschrift ist seit 4. April 2019 in Kraft. Finanziert wird der DigitalPakt aus dem Digitalinfrastrukturfonds, einem sogenannten Sondervermögen, das Ende 2018 errichtet wurde.

Mit diesen drei Schritten – Grundgesetzänderung, Errichtung des Sondervermögens und Abschluss einer Verwaltungsvereinbarung zur Umsetzung – haben Bund und Länder alle nötigen formalen Voraussetzungen geschaffen, damit der DigitalPakt Schule nun starten konnte.

https://www.bmbf.de/de/wissenswertes-zum-digitalpakt-schule-6496.php

A:	Da bin ich ganz bei dir. Vielen Dank für dieses Interview und dass du dir so viel Zeit für mich genommen hast.

Volker – 52, ehemaliger Lehrer, IT-Fachverfahrensverantwortlicher im Bildungsministerium

O:	Also das Interview mit Volker war eines der anstrengendsten.
A:	Ach herrjeh. Warum denn das?

O:	Der hatte richtig viel zu sagen. Also vor allem hat sehr viel geredet. Inhaltlich war das auch nicht mehr als bei den anderen.
A:	Och, schade.
O:	Ja. Aber immerhin war es nicht nur Unfug.
A:	Du Armer.
O:	So schlimm war es nun auch wieder nicht.
A:	Aber?
O:	Die Auswertung wird sicher nicht ganz so einfach.
A:	Was macht Volker denn eigentlich?
O:	Volker ist ein sogenannter Verfahrensverantwortlicher. Das bedeutet, dass er für ein IT-Fachverfahren zuständig und verantwortlich ist. Er ist natürlich für Digitalisierungsprojekte ein wichtiger Mann. Er hat schließlich schon alle Informationen digital vorliegen und verantwortet die Schnittstellen zu anderen Verfahren oder Diensten. Z. B. digitalen Auskunftssystemen. Und er ist sich durchaus bewusst, welche Verantwortung er da trägt, aber auch, wieviel Macht er damit hat. Wie gesagt, das Gespräch war nicht nur angenehm.
A:	Und was hat er inhaltlich beitragen können?
O:	Er ist einer von den sehr affinen. Ihm geht das alles nicht schnell genug. Und er möchte alles einfach und ohne Zugangshürde! Das Thema Datenschutz ist ihm zwar wichtig, aber nun auch wieder nicht so wichtig, als das er deswegen einen Termin verschieben würde.
A:	Also ein guter Mann.
O:	Er war früher Lehrer. Vielleicht trägt das ein wenig dazu bei, dass er bestimmte Dinge ein wenig einfacher darstellt, als sie in Wirklichkeit sind. Er hat es nicht so mit den amtlichen Sachen, hatte ich den Eindruck.
A:	Wer hat das schon …
O:	Freilich, aber wir können ja nun auch nicht einfach alles Regelungen unter den Tisch kehren, nur weil es ihm nicht schnell genug geht.
A:	Ja. Richtig. Aber wir brauchen auch Menschen, die uns treiben. Nur mit Rücksicht und amtlichen Gebaren werden wir nicht vorankommen.

O:	Ich merk schon … du bist jetzt auch mit Digitalisierung infiziert.
A:	Wolltest du mich impfen?
O:	Iiiiich? Nie.
A:	Dann ist ja gut. Aber wir sollten die Fachbereiche da einfach ihre eigene Arbeit machen lassen. Das ist deren Job.
O:	Aber sie brauchen deine Vorgaben. Sonst wird das ein heilloses Durcheinander!
A:	Ok. Gesteuerte Eile. Ohne Durcheinander. Und mit den Menschen. Darauf kann ich mich einlassen.
O:	Na dann lass mal … äh, lies mal … hier sind Volkers Antworten.

Volker's Glaubenssatz
Das alles geht übrigens auch mit einer App. Die haben zwei Kollegen programmiert. Wenn Sie mich fragen und das tun Sie ja gerade, dann ist dieses Verfahren ein herausragendes Beispiel dafür, wie man heutzutage arbeiten muss. Man kann aus meiner Sicht sehr viel Zeit mir Konzepten und Planung verbringen. Man kann aber auch einfach mal was machen.

Interview Volker

O: Sagen Sie mir bitte, wie alt Sie sind?
Volker: Ich bin 52 Jahre alt.
O: Geschlecht?
Volker: männlich.
O: In welcher Position sind Sie hier tätig, bzw. welchen Bezug haben Sie?
Volker: Ich arbeite in diesem Ministerium in einer Fachabteilung. Bei uns geht es um Bildung und genauer gesagt um Schule. Ich bin zuständig für die Erstellung und Aktualisierung der Rahmenlehrpläne Englisch und Sport. Das sind übrigens auch die beiden Fächer, die ich studiert habe. Ich bin nämlich ursprünglich Lehrer und habe über 20 Jahre am Gymnasium unterrichtet. Sehr erfolgreich übrigens. Ich wurde sowohl im Kollegium, als auch von den SuS (*Schülerinnen und Schüler*) gemocht und respektiert. Allerdings hat mir dann ein Fahrradunfall einen bösen Strich durch die Rechnung gemacht. Jedenfalls erhielt ich dann vor ungefähr fünf Jahren das Angebot, in das Ministerium zu wechseln. Das gefällt mir auch ganz gut. Hier kann ich das anwenden, was ich mir während meiner aktiven Schuldienstzeit erarbeitet habe und kann dieses Wissen gleichzeitig an die Kolleginnen und Kollegen weitergeben. Und außerdem kann ich endlich auch mal außerhalb der Ferienzeiten Urlaub machen (lacht).

Da das mit den Rahmenlehrplänen immer wieder schwierig war in der Schule, habe ich für die Schulen ein IT-Verfahren entwickelt, mit dem die aktuell gültigen Pläne immer verfügbar und erkennbar sind. Außerdem kann man Veränderungen und Verbesserungen beantragen. Das alles geht übrigens auch mit einer App. Die haben zwei Kollegen programmiert. Wenn Sie mich fragen und das tun Sie ja gerade, dann ist dieses Verfahren ein herausragendes Beispiel dafür, wie man heutzutage arbeiten muss. Man kann aus meiner Sicht sehr viel Zeit mir Konzepten und Planung verbringen. Man kann aber auch einfach mal was machen. Es geht schließlich letztlich immer um die SuS. Selbst, wenn man wie in diesem Beispiel, die LuL (*Lehrerinnen und Lehrer*) von Verwaltungsaufgaben entlastet und ihnen die benötigten Informationen direkt zur Verfügung stellt, dann verschafft man ihnen Zeit, die wieder in die Vorbereitung von qualitativ hochwertigem Unterricht investiert werden kann.

So ganz ohne Verwaltung geht es aber nicht. Daher bin ich der sogenannte Verfahrensverantwortliche. D. h. ich bin für die Weiterentwicklung, die Organisation des Betriebs und für vieles andere verantwortlich. Das ist nicht immer ganz komplikationslos. Zudem ich diese Aufgabe sozusagen nebenbei erledigen muss. Denn meine eigentliche Arbeit ist ja auch noch da. Es kommt in diesem Zusammenhang auch immer wieder zu Schwierigkeiten mit dem IT-Betrieb. Die mischen sich letztlich überall ein, denken sie wüssten alles besser. Dabei haben sie keine Ahnung davon, wie es in Schule zugeht. Deswegen brauchen wir Pädagogen auch im Bereich des Bildungsministeriums. Wir machen hier einen sehr wichtigen Job.

Zum Einstieg: Das Internet

O: Seit wann nutzen Sie das Internet beruflich und privat?
Volker: Oh. Beruflich, lassen Sie mich überlegen. Das muss Mitte der 90er-Jahre gewesen sein. Da war ich noch nicht lange in der Schule. Während meines Studiums jedenfalls war das noch kein Thema. Aber damals war alles im Internet auf Englisch. Da war ich im Kollegium natürlich prädestiniert, die Recherche zu übernehmen. Die Schulleiterin hat damals gemeinsam mit dem Förderverein einen Internetanschluss angeschafft. Ich glaube, das war AOL. Und im Lehrerzimmer stand ein PC, der daran angeschlossen war.

Und Privat. Naja. Ich denke, zur gleichen Zeit. Zunächst nur im Lehrerzimmer (lächelt). Aber das bleibt bitte unter uns. Damals wurde das Internet ja noch nach Minuten abgerechnet. Aber ich habe relativ bald, vermutlich so 98/99 einen eigenen Anschluss zu Hause gehabt. Da gab es dann

	auch E-Mail und ich bekam relativ leicht Kontakt zu Kollegen von unseren Partnerschulen.
O:	Wie häufig nutzen Sie beruflich das Internet?
Volker:	Mehrmals täglich.

Die Digitalisierung und die Arbeitswelt

O:	In der Arbeitswelt und im Privatleben bestimmt die Digitalisierung viele Bereiche unseres Lebens. Nach der Einführung der eAkte und weiterer IT-gestützten Prozesse hat sich die Arbeit verändert. Wie ist Ihre Einschätzung: Bringt der digitale Wandel für Sie eher Chancen oder eher Risiken mit sich?
Volker:	Digitaler Wandel bringt eher Chancen.
O:	Und würden Sie sagen, dass die Chancen des digitalen Wandels bereits ausreichend genutzt werden oder hat die Verwaltung (oder auch Deutschland) hier noch Nachholbedarf?
Volker:	… nicht nur die Verwaltung, sondern auch Deutschland insgesamt hat noch Nachholbedarf.
O:	Inwiefern?
Volker:	Zu viele Vorschriften, zu wenig Machen. Das muss alles schneller gehen.
O:	Wirken sich die Veränderungen auch auf Qualifikationen und Fähigkeiten aus, die jetzt mehr oder weniger gefragt sind?
Volker:	Selbstverständlich. Was wir jetzt brauchen sind gute Fachkenntnisse und die Bereitschaft zur ständigen Weiterbildung. Es wird darauf ankommen, technisches Verständnis und Computerkenntnisse zu haben. Und man braucht auch als erfahrener Mensch die Flexibilität, auf Neues reagieren zu können. Das ist alles sehr wichtig. Ohne diese Eigenschaften wird es nicht mehr funktionieren.
O:	Durch die zunehmende Digitalisierung hat sich ja vieles verändert. Inwieweit erleben Sie die nachfolgenden Veränderungen bei Ihrer Arbeit?

Volker:	Ich kann meine Arbeit flexibler einteilen. Meine Arbeit wird anspruchsvoller und ich kann schneller und effizienter arbeiten. Ich kann deutlich einfacher verschiedene Kommunikationswege nutzen. Und das ist enorm wichtig, denn die zu verarbeitende Informationsmenge nimmt immer mehr zu.
O:	Wenn Sie an die Herausforderungen durch die Digitalisierung denken: Sind Sie da der Meinung, die Verwaltung tut genug, um auf dem neuesten Stand zu sein?
Volker:	Sie hat eindeutig Nachholbedarf.
O:	Was meinen Sie, werden durch die zunehmende Digitalisierung Arbeitsplätze geschaffen oder fallen Arbeitsplätze weg oder ändert sich da in der Summe nicht so viel?
Volker:	Aus meiner Sicht werden eher Arbeitsplätze geschaffen.
O:	Könnte Ihr Arbeitsplatz durch die Folgen der Digitalisierung in absehbarer Zeit ersetzt werden?
Volker:	Nein. Wenn Sie mich als Lehrer meinen, denn Lehrer wird man immer brauchen.
O:	Bitte geben Sie uns noch Ihre Einschätzung zum Thema Flexibilisierung der Arbeit. Flexibilisierung der Arbeit bedeutet für mich vorrangig ...
Volker:	... mehr Freiheit, die Arbeit selbst zu gestalten.

Digitalisierung und persönliche Einschätzung

O:	Wenn es um die Arbeitswelt von morgen geht, ist Ihrer Meinung nach die Politik generell gefordert, aufgrund der Veränderungen durch die Digitalisierung neue Rahmenbedingungen zu schaffen oder halten Sie das für nicht notwendig?
Volker:	Ich halte es für unabdingbar notwendig, dass die Politik neue Rahmenbedingungen schafft. Weg mit den Regelungen. Weg mit den Bedenken.
O:	Durch die Digitalisierung verändern sich die Anforderungen. Was meinen Sie: Bereiten die Schulen alles in allem die Schülerinnen und Schüler auf diese neuen gut vor oder müssten sie mehr tun?

Volker:	Die Schulen müssen unbedingt mehr tun.
O:	Woran denken Sie da genau? Was müsste Ihrer Meinung nach an den Schulen verbessert werden?
Volker:	Die Lehrinhalte sollten den neuen Anforderungen angepasst werden. Die Schulen brauchen eine bessere Ausstattung Computern und schnelleres Internet. Dann kann man das auch im Unterricht stärker einsetzen. Und die Lehrer müssen von Beginn an im Umgang mit Computern und Internet besser ausgebildet werden.
O:	Und jetzt noch bitte einige Angaben für die Statistik / Demographie. Wie viele Personen leben ständig in Ihrem Haushalt, Sie selbst eingeschlossen?
Volker:	Drei Personen.
O:	Wie viele Personen in Ihrem Haushalt sind 18 Jahre und älter?
Volker:	Auch drei Personen.
O:	Wie viele schulpflichtige Kinder leben in Ihrem Haushalt?
Volker:	Keine mehr.
O:	Welchen höchsten Bildungsabschluss haben Sie?
Volker:	Abgeschlossenes Hochschulstudium.
O:	Haben Sie bei sich zu Hause einen privat genutzten Zugang zum Internet?
Volker:	Ja.

Petra – 40 Jahre, Pressesprecherin in einer Berliner Senatsverwaltung

A:	Oliver hast du einen Moment Zeit? Gleich kommt Petra unsere Pressesprecherin. Wie soll ich dieses Interview nur angehen. Ich bin ein wenig nervös.
O:	Ach komm, du und nervös. Warum denn?
A:	Petra hat es faustdick hinter den Ohren.
O:	Und? Soll ich lieber das Interview machen? Dann kannst du Fred übernehmen.

A: Nein, lieber nicht.
O: Sie ist da.
A: Okay, dann mal los.

Auf dem Weg in Konferenzraum schaue ich noch kurz in ihren Personalbogen, den Petra zur Vorbereitung des Interviews im Rahmen unseres Projektes „Die Digitalisierung und der Faktor Mensch" ausgefüllt hat.

Petra ist 40 Jahre alt, verheiratet zwei Söhne, 8 und 6 Jahre. Sie hat Publizistik und Politik studiert. Bevor sie als Pressesprecherin in einer Berliner Senatsverwaltung angefangen hat, hat nach ihrem Studium ein Volontariat bei einer großen Tageszeitung absolviert, geheiratet und zwei Söhne bekommen. Nach einer längeren Auszeit erfolgte dann die Anstellung zunächst als Referentin für kommunalpolitische Fragen in einer Senatsverwaltung. Seit gut einem Jahr arbeitet sie als Pressesprecherin.

Ihre Hobbies sind nicht außergewöhnlich. Wenigstens etwas, was mich nicht vor Ehrfurcht verblassen lässt:

- *Freizeitsport mit Mann und Kindern*
- *Krimis sind ihre heimliche Leidenschaft*
- *Kauft und verkauft online*

Ich lese mir noch ihre Aussagen zu den kritischen und zustimmenden Faktoren in ihrem Personalbogen an:

Unter der Rubrik „kritische Faktoren" gibt sie zu bedenken, dass sie manche Entwicklungen kritisch betrachtet: „Die Digitalisierung von Alltagsprozessen erfolgt oft viel zu schnell. Gründliche Vorbereitung – eher Fehlanzeige. Ad Hoc werden Workflows digital umgesetzt ohne sich die zugrundeliegenden Prozesse richtig anzusehen. Das führt dann eher zu mehr Aufwand als zu Erleichterungen."

„Wenn aber alles richtig läuft", ist das eine feine Sache. Ich erhalte Informationen sehr viel schneller und ausführlicher. Durch die Nutzung elektronischer Medien kann ich flexibler reagieren und die Möglichkeit mobil zu arbeiten, kommt auch meiner Familie sehr zu gute.

Zu ihren persönlichen Motiven zum Thema Digitale Medien hat sie vermerkt: „Ohne meine digitale Mobilität könnte ich meinen Job und meine Familie nicht unter einen Hut bringen."

Petra's Glaubenssatz

„Weiß nicht. Ehrlich, ich bin mir nicht sicher, ob Deutschland seine Chancen ausreichend nutzt. Wo soll man da denn anfangen. Wirtschaftlich, kulturell, sozioökonomisch, keine Ahnung. Ich denke, hier steht sich auch die Politik häufig selbst im Weg. Es werden Konzepte geschrieben Weißbücher erstellt, Gesetze erlassen, Projekte initiiert. Dafür wird unendlich Zeit und Geld investiert. Es werden Debatten geführt und Pläne erstellt. Aber am Ende landet das Meiste in der Schublade, ohne dass etwas zu Ende gebracht wird, weil festgestellt wird, das zur Umsetzung Ressourcen und Geld fehlt."

Interview Petra

A: Hallo Petra, vielen Dank, dass Sie sich die Zeit nehmen. Wie Sie ja bereits wissen, untersuchen wir die Einflüsse der Digitalisierung auf Arbeit und Leben unterschiedlicher Menschen. Dafür haben wir ein breites Spektrum aus den unterschiedlichsten Lebenswelten gewählt, um so ein möglichst umfassendes Bild zu erhalten.
Petra: Sehr gerne, aber darf ich vorab auch einige Fragen stellen.
A: Ja, sicher! Was möchten Sie wissen?
Petra: Welches Ziel verfolgen Sie mit diesem Projekt genau?
A: Wir untersuchen die Zusammenhänge Digitalisierung der Alltagswelt, hier insbesondere in Zusammenhang mit der öffentlichen Verwaltung. Wir wollen herausfinden, wie sich

	die zunehmende Digitalisierung auf Menschen und ihr Umfeld auswirkt. Daraus sollen Maßnahmen und Strategien abgeleitet werden, die sich im Rahmen der Digitalisierung mehr auf den Menschen und seine Bedürfnisse abstimmen lassen.
Petra:	Der Mensch steht also im Mittelpunkt ihrer Forschung.
A:	Ja.
Petra:	Spielen da auch psychologische oder soziale Komponenten eine Rolle oder zielt das mehr auf technologische und wirtschaftliche Aspekte ab?
A:	Das eine bedingt das andere. Wir stellen den Menschen in den Mittelpunkt. Die Interviews sind für uns die Basis. Die Fragen konzentrieren sich auf Nutzung und Umgang mit Medien, Fragen rund um den Arbeitsplatz, sowie Einschätzungen zu Bildung und Politik. Damit erhoffen wir uns, ein stimmiges Bild zu erhalten.
Petra:	Haben Sie eine bestimmte Zielgruppe ausgewählt?
A:	Wenn Sie so wollen ja, die öffentliche Verwaltung, von innen und von außen.
Petra:	Das ist aber sehr komplex.
A:	Ja, aber nur so wird es ein Bild. Können wir beginnen?
Petra:	Gerne, nur eins noch: Was soll denn dabei herauskommen?

Zum Einstieg Das Internet

A:	Da erkennt man Ihre Profession. Das Ziel ist, Rahmenrichtwerte für die weitere digitale Entwicklung in der öffentlichen Verwaltung zu entwickeln.
	Jetzt legen wir los.
	Zunächst ein paar Fragen zur Nutzung des Internet. Seit wann nutzen Sie das Internet beruflich und privat?
Petra:	Seit Anfang der 2000er-Jahre. Ich bin erst sehr zögerlich eingestiegen. Habe dem Ganzen nicht getraut und mich mehr auf Bücher und Fachzeitschriften verlassen.
A:	Und wie hat sich die Nutzungsdauer in den letzten Jahren beruflich und verändert?

Petra:	Beruflich nutze ich das Internet täglich. Ich bin praktisch die ganze Zeit online. Privat sieht das anders aus. Es geht ja auch um meine Kinder. Sie wissen schon, Vorbildfunktion und so weiter.
A:	Verstehe.
Petra:	Außerdem bin ich froh, wenn ich abends mal nicht auf einen Bildschirm starren muss. Zeitungen, Bücher und Zeitschriften gehören auch heute noch zu meinen Lieblingsmedien. Leider hat aber auch hier die Qualität nachgelassen.
A:	Wie meinen Sie das?
Petra:	Kaum einer nimmt sich noch die Zeit, ein Thema ausführlich zu betrachten. Fachaufsätze betrachten häufig nur noch einen Aspekt. Um ein Gesamtbild zu erhalten, ist es oft Puzzlearbeit und erfordert wesentlich mehr Zeit als früher. Während meines Studiums reichten für eine Semesterarbeit manchmal zwei Bücher und ein paar Fachaufsätze. Heute bleibt man entweder an der Oberfläche oder sie recherchieren sich zu Tode.
A:	Wie häufig nutzen Sie soziale Netzwerke wie z. B. Facebook, Xing, LinkedIn oder Google+ für Ihre berufliche Kommunikation?
Petra:	Ständig, fast die ganze Zeit, das gehört zu meiner täglichen Arbeit.

Die Digitalisierung und die Arbeitswelt

A:	Vielen Dank für die ersten Antworten, wir kommen jetzt zum eigentlichen Interview. Im ersten Teil geht es um die Digitalisierung und die Arbeitswelt. In der Arbeitswelt und im Privatleben bestimmt die Digitalisierung viele Bereiche unseres Lebens. Wie ist Ihre Einschätzung: Bringt der digitale Wandel eher Chancen oder eher Risiken für die Gesellschaft mit sich? Ich habe hier drei mögliche Antworten: Digitaler Wandel bringt eher Chancen. Digitaler Wandel bringt *eher* Risiken. Beides gleichermaßen.

Petra:	Diplomatisch gesehen, müsste ich ‚*beides gleichermaßen*' ankreuzen. Allerdings bin ich der festen Überzeugung, dass der digitale Wandel eher Chancen als Risiken mit sich bringt. Durch die rasante technische Entwicklung der letzten zwanzig Jahre hat sich vieles wie selbstverständlich geändert. Wir nutzen neue Technik ohne große Umstellung. Unser Alltag gestaltet sich in vielen Dingen einfacher.
A:	Können Sie mir das noch erläutern?
Petra:	Ich erinnere mich noch an Seminare in der Uni zu „Neuen Medien". Da ging es um die Einführung von Kabelfernsehen und Bildschirmtext. Vor deren Einführung wurden lange Studien und Pilotprojekte mit staatlicher Förderung durchgeführt. Da wurde untersucht, wie sich die neuen Medien auf die Menschen auswirken, welch Gefahren lauern und so weiter. Heute geschieht das alles völlig lautlos. Allenfalls gibt es – wie zu allen Themen – einzelne Studien, die aber eigentlich nur Begleitmusik sind.
A:	Und wie stehen Sie persönlich dem zunehmenden Einsatz von Computern und dem Internet im beruflichen Alltag gegenüber?
Petra:	Ohne das geht es doch gar nicht mehr. Da kann man zu stehen wie man will. Wirklich interessant wird es dann, wenn der Computer mal nicht zur Verfügung steht. Für mich als Pressereferentin wäre das zu manchen Zeiten fast eine Katastrophe.
A:	Ist das schon einmal vorgekommen?
Petra:	Ja, ich habe solche Ausfälle schon erlebt, allerdings zu Zeiten, wo es für meine Arbeit nicht so von Bedeutung war. Ich kann auch ohne Computer arbeiten. Ich mag es nach wie vor etwas mit der Hand zu schreiben oder einfach mal eine gedruckte Zeitung lesen. Die Welt entschleunigt sich im Nu. Sollten Sie auch ab und zu tun.

Digitalisierung und persönliche Einschätzung

A:	Danke, ich werde daran denken. Nun ein weiterer Aspekt: Würden Sie sagen, dass Deutschland die Chancen des digi-

talen Wandels bereits ausreichend nutzt oder hat Deutschland hier noch Nachholbedarf?

Nutzt Deutschland nutzt die Chancen des digitalen Wandels bereits ausreichend oder besteht hier noch Nachholbedarf?

Petra: Weiß nicht. Ehrlich, ich bin mir nicht sicher, ob Deutschland seine Chancen ausreichend nutzt. Wo soll man da denn anfangen. Wirtschaftlich, kulturell, sozioökonomisch, keine Ahnung. Ich denke, hier steht sich auch die Politik häufig selbst im Weg. Es werden Konzepte geschrieben Weißbücher erstellt, Gesetze erlassen, Projekte initiiert. Dafür wird unendlich Zeit und Geld investiert. Es werden Debatten geführt und Pläne erstellt. Aber am Ende landet das Meiste in der Schublade, ohne dass etwas zu Ende gebracht wird, weil festgestellt wird, das zur Umsetzung Ressourcen und Geld fehlen.

A: Denken Sie da an etwas Bestimmtes?

Petra: Ich habe schon zu viel gesagt, das sind dann doch Themen, über die ich hier nicht sprechen möchte.

A: Vielleicht kommen wir ja später noch einmal darauf zurück. Ich komme einem anderen Thema. Wie sieht die Arbeitswelt von morgen aus? Welche Qualifikationen und Fähigkeiten sind Ihrer Meinung zukünftig gefragt? Ich nenne Ihnen einige und Sie sagen mir, ob diese sehr wichtig, wichtig, weniger wichtig oder unwichtig sind.

Petra: Entschuldigung, das ist mir zu theoretisch. Die Begriffe lassen sich ja auf alles übertragen. Es kommt doch nur auf die Tätigkeit an sich an und wie der jeweilige Aufgabenbereich ausgestattet ist, beziehungsweise was mit welchen Fähigkeiten zu erledigen ist. Natürlich hängt es von der Persönlichkeit und der Bildung eines Menschen ab, welche Funktion oder Arbeit er erledigen kann. Bezogen auf den digitalen Wandel gilt doch, was brauche ich an Fähigkeiten, um meine Arbeit ausüben zu können? Wie wollen Sie denn diese Erkenntnisse in ihrer Studie verwerten?

A: Es geht darum, ob sich durch die zunehmende Digitalisierung der Arbeitsplätze Merkmale und Qualifikationen verändern.

Petra:	Ganz sicher tun sie das. Aber die genannten Eigenschaften gelten so oder so und sind mal mehr, mal weniger wichtig. Ich könnte jetzt keine genaue Zuordnung vornehmen.
A:	Durch die zunehmende Digitalisierung hat sich ja vieles im Arbeitsleben verändert. Wie stark hat sich Ihr Arbeitsplatz alles in allem verändert: Sehr stark, stark, weniger stark oder gar nicht.
Petra:	Gar nicht.
A:	Dann werden wir die folgende Frage einfach überspringen.
Petra:	Wenn ich mir die Eigenschaften so ansehe, kann ich Ihnen eine kurze Antwort geben. Ich kann schon schneller und effizienter arbeiten. Mein Job bringt es mit sich, dass ich ständig erreichbar sein muss. Ich nutze immer schon verschiedene Kommunikationswege und ja auch die zu verarbeitende Informationsmenge nimmt immer mehr zu. Aber ich habe nicht mehr Kontakte zu meinen Vorgesetzten und Kollegen als sonst auch.
A:	Wenn Sie an die Herausforderungen durch die Digitalisierung denken: Sind Sie da der Meinung, ihr Arbeitgeber tut genug, um auf dem neuesten Stand zu sein?
Petra:	Wir sprechen hier von der öffentlichen Verwaltung. Die hat Nachholbedarf ohne Ende. Allerdings trifft das auf meinen Arbeitsplatz nicht zu. Ich habe alles, was ich brauche. Aber ich höre immer wieder von den Kollegen in den anderen Abteilungen, das dort einiges fehlt.
A:	Können Sie mir näheres sagen?
Petra:	Nein, leider nicht.
A:	Was meinen Sie, werden durch die zunehmende Digitalisierung Arbeitsplätze geschaffen oder fallen Arbeitsplätze weg oder ändert sich da in der Summe nicht so viel?
Petra:	kann ich Ihnen nicht sagen. Da habe ich insgesamt zu wenig Einblick. Zu meiner Branche kann ich sagen, dass es weniger Arbeitsplätze werden. Vieles wird von Kollegen nebenbei erledigt, die nicht vom Fach sind.
A:	Das führt mich gleich zur nächsten Frage. Könnte Ihr Arbeitsplatz durch die Folgen der Digitalisierung in absehbarer Zeit ersetzt werden?

Petra: Nein, das glaube ich nicht.
A: Zum Thema Flexibilisierung der Arbeit haben wir zwei Meinungen gehört. Welcher Meinung stimmen Sie eher zu? Flexibilisierung der Arbeit bedeutet für mich vorrangig. A mehr Freiheit, die Arbeit selbst zu gestalten, B mehr Druck, ständig verfügbar zu ein.
Petra: Eindeutig B.

Digitalisierung, Bildung und Politik

A: Kommen wir zum letzten Themenbereich: Digitalisierung, Politik und Bildung. Wenn es um die Arbeit von morgen geht, ist Ihrer Meinung nach die Politik generell gefordert, aufgrund der Veränderungen durch die Digitalisierung neue Rahmenbedingungen zu schaffen oder halten Sie das für nicht notwendig?
Petra: Also hier bin ich der Meinung, dass die Politik schon seit geraumer Zeit neue Rahmenbedingungen schafft. Die gesetzlichen Rahmenbedingungen stimmen und verfügbare finanzielle Mittel stehen bereit. Allein in den letzten vier Jahren wurde einiges getan. Denken Sie doch nur an die Förderprogramme und den unermüdlichen Einsatz unserer Politik, die Rahmenbedingungen zu verbessern. Allerdings muss man auch sehen, dass hier die Wirtschaft nicht so richtig mitzieht. Das haben wir auch in unserer Behörde immer wieder feststellen müssen.
A: Meinen Sie das ernst?
Petra: Ja sicher.

(A runzelt leicht die Stirn und denkt umgekehrt wird eher ein Schuh daraus.)

A: Durch die Digitalisierung verändern sich die beruflichen Anforderungen. Was meinen Sie: Bereiten die Schulen alles in allem die Schülerinnen und Schüler auf diese neuen Anforderungen des Arbeitsmarktes gut vor oder müssten sie mehr tun?

Petra:	Da ist für mich eindeutig noch genug zu tun.
A:	Woran denken Sie da genau? Was müsste Ihrer Meinung nach an den Schulen verbessert werden?

    a. Die Lehrinhalte sollten den neuen Anforderungen angepasst werden.
    b. Die Schulen sollten besser mit Computern und Internet ausgestattet werden.
    c. Im Unterricht sollten Computer und Internet stärker zum Einsatz kommen.
    d. Die Lehrer sollten im Umgang mit Computern und Internet besser ausgebildet werden.

Petra:	Das unterschreibe ich Ihnen alles. Ich verfolge das bei meinen Söhnen. Die lernen teilweise wie im Mittelalter und zu Hause kommen sie dann zurück in die Wirklichkeit. Manchmal weiß ich nicht, was besser ist.
A:	Das verstehe ich nicht.
Petra:	Na ja, auf altmodische Art lesen und schreiben lernen finde ich schon wichtig. Schließlich benötigen wir diese Fähigkeiten unser Leben lang. Allerdings weiß ich nicht, ob in ein paar Jahren nicht einmal mehr eine analoge Unterschrift notwendig ist, geschweige denn ein Brief oder eine Notiz mit der Hand geschrieben wird. Das geht doch schon heute alles seinen digitalen Weg. Ich bin da hin und hergerissen. Ich liebe es, Texte mit der Hand zu schreiben. Aber werden meine Söhne das auch noch tun. Darauf sollte die Schule vorbereiten, ohne allerdings analoge Fertigkeiten zu vernachlässigen. Dass das ein Spagat sein kann, weiß ich und eine Lösung kann ich Ihnen heute auch nicht präsentieren. Hier sind Fachleute wie Sie gefragt.
A:	Danke, das trifft voll unseren Auftrag. Wie sieht die digitale Welt morgen aus und wie findet sich der Mensch in ihr wieder. Aber kommen wir zurück zur Verwaltung. Nur noch eine Frage zum Schluss: Ist die Verwaltung heute gut gerüstet für die digitale Transformation und wird sie den Ansprüchen gerecht?
Petra:	Die Verwaltung ist auf einem guten Weg.

A:	Das müssen Sie jetzt sagen oder?
Petra:	Ja, das stimmt. Aber ich bin mir sicher, dass sie auf dem richtigen Weg ist, nur es besteht eben noch erheblicher Nachholbedarf. Und in ihrem Eifer mit allem Schritt zu halten, agiert die Verwaltung oft an der Realität vorbei. Auch da bin mir sicher.
A:	Vielen Dank, dass Sie zum Schluss noch so ehrlich waren.
Petra:	Eine Bitte habe ich noch: Kann ich Ihre Ergebnisse für meine Arbeit verwenden?
A:	Sie meinen für Ihre Pressearbeit?
Petra:	Nein, ausnahmsweise nicht. Ich dachte da eher an meine Verwaltung insgesamt.
A:	Auf jeden Fall.

Siggi – 45, Informationssicherheitsbeauftragter eines großen Landesministeriums

O:	Als nächstes habe ich das Interview mit Siggi.
A:	Soso. Siggi. *(lächelt verschmitzt)*

O:	Ja! Siggi. Mit dem habe ich gerungen.
A:	Warum denn das?
O:	Der hatte erstens immer keine Zeit und zweitens musste ich ihm dann alles aus der Nase ziehen. Das war tatsächlich das schwierigste Interview von allen.
A:	Das hätte ich nun gerade nicht erwartet.
O:	Ist ja auch egal. Siggi ist jedenfalls Informationssicherheitsbeauftragter in einer großen deutschen Verwaltung, trotzdem Beamter und hat offenbar seine sehr eigene Meinung zu dem ganzen Thema. Und wenn du mich fragst, dann ist da auch ein großes Maß an Paranoia im Spiel. Die ganz krassen Aussagen habe ich schon weggelassen. Das hätte niemand gedruckt und auch niemand lesen wollen.
A:	Na dann ist ja alles in Ordnung.
O:	Wie bitte?
A:	Na, wenn das niemand lesen möchte, muss das ja auch niemand drucken.
O:	Komikerin.
A:	Mimimi.
O:	Das sagtest du schon einmal.
A:	Aber nicht heute.
O:	Mimimi!
A:	Und? Wie ist es jetzt das Interview?
O:	Hier! Lese doch selbst.

Damit wir wissen, wer Sie sind, hier ein paar allgemeine Fragen zur Einstimmung:

O:	Sagen Sie mir bitte, wie alt Sie sind?
Siggi:	Ich bin 45 Jahre alt.
O:	Geschlecht?
Siggi:	männlich.
O:	In welcher Position sind Sie hier tätig, bzw. welchen Bezug haben Sie?

Siggi: Ich bin der Informationssicherheitsbeauftragte des Ressorts. Eigentlich ist das eine Stabsstelle. Das wollte man hier aber nicht und daher bin ich in der zentralen Abteilung eingeordnet. Aber es ist auch schwierig. Mit mir weiß immer niemand etwas anzufangen.

Zum Einstieg: Das Internet

O: Seit wann nutzen Sie das Internet beruflich bzw. privat
Siggi: Ich würde sagen: Schon immer. Jedenfalls war ich lange vor Boris Becker „drin". Und ich hatte eines der ersten Geräte, das noch Geräusche machte, als es ins Internet ging.
O: Ach was.
Siggi: Ja, das waren spannende Zeiten. Es gab schnelle Geräte, die hatten aber keine Postzulassung und ohne diese lief man Gefahr, dass die Bundespost einem auf die Pelle rückte. Also war man legal nur sehr gemächlich unterwegs.
O: Nette Anekdote. Aber kommen wir mal wieder ins hier und jetzt. Wie häufig nutzen Sie heutzutage beruflich das Internet?
Siggi: Schon sehr, sehr oft. Ich muss ja auch viel recherchieren. Sagen wir so: Ich bin tagsüber deutlich länger on- als offline.

Die Digitalisierung und die Arbeitswelt

O: In der Arbeitswelt und im Privatleben bestimmt die Digitalisierung viele Bereiche unseres Lebens. Nach der Einführung der eAkte und weiterer IT-gestützten Prozesse hat sich die Arbeit verändert. Wie ist Ihre Einschätzung: Bringt der digitale Wandel für Sie eher Chancen oder eher Risiken mit sich?
Siggi: Wissen Sie, ich bin ein technik-affiner Mensch. Der sogenannte Digitale Wandel (*malt mit den Fingern Anführungsstriche in die Luft*) ist sicherlich gut dazu geeignet, Prozesse zu beschleunigen und Informationen und vor allem Wissen schneller und gerechter zugänglich zu machen. Aber

	man muss das eben auch vor allem unter diesen Gesichtspunkten sehen. Und nicht nur Digitalisieren, weil man eben Digitalisieren möchte oder muss.
O:	Und würden Sie sagen, dass die Chancen des digitalen Wandels bereits ausreichend genutzt werden oder hat die Verwaltung (oder auch Deutschland) hier noch Nachholbedarf?
Siggi:	Nachholbedarf. Sicher. Aber es fehlt meiner Meinung nach hauptsächlich am Fundament. Da wird gerade sehr viel, sehr schnell zusammengezimmert und einfach so in die Verwaltungslandschaft gestellt. Eben weil man digitalisieren muss. Weil es „in" ist, weil es angeordnet wurde und nicht immer, weil es sinnvoll ist, oder wirtschaftlicher oder weil es eine zeitliche Entlastung bringt. Und dann wird in der Eile geschlampt, Daten werden nicht sicher transportiert und aufbewahrt und spätestens in der Weiterverarbeitung kommt dann der Medienbruch. Das meine ich mit Fundament. Die Verwaltungs-IT ist in vielen Fällen gar nicht dafür aufgestellt, mit den Digitalisierungsprozessen mitzuhalten.
O:	Wenn Sie an die Herausforderungen durch die Digitalisierung denken: Sind Sie da der Meinung, die Verwaltung tut genug, um auf dem neuesten Stand zu sein?
Siggi:	Man müht sich. Aber letztlich fehlt es an Menschen und Geld für gute Fortbildungen. Und weil Menschen fehlen, fehlt letztlich auch Zeit. Ich habe das eingangs schon gesagt, aber ich davon überzeugt, dass man für eine erfolgreiche Digitalisierung ein solides Fundament braucht. Wissen ist ein großer Teil davon.
O:	Was meinen Sie, werden durch die zunehmende Digitalisierung Arbeitsplätze geschaffen oder fallen Arbeitsplätze weg oder ändert sich da in der Summe nicht so viel?
Siggi:	Wenn man es ernsthaft betreiben möchte, wird man sich wundern, dass die Digitalisierung im Dienstleistungsbereich eher Arbeitsplätze schaffen wird. Allerdings muss man diese auch besetzt bekommen. Und das ist im Moment offenbar sehr schwierig.

O: Könnte Ihr Arbeitsplatz durch die Folgen der Digitalisierung in absehbarer Zeit ersetzt werden?

Siggi: Nein. Auch für Informationssicherheitsbeauftragte wird es eher mehr zu tun geben.

Digitalisierung und persönliche Einschätzung

O: Wenn es um die Arbeitswelt von morgen geht, ist Ihrer Meinung nach die Politik generell gefordert, aufgrund der Veränderungen durch die Digitalisierung neue Rahmenbedingungen zu schaffen oder halten Sie das für nicht notwendig?

Siggi: Es wäre gut, wenn Politiker verstehen würden, was sie entscheiden und was das für Folgen haben wird. Das hatten wir zuletzt bei den Diskussionen um das Urheberrecht und Artikel 13 der EU-Urheberrechtsrichtlinie. Ich glaube, hier waren viele Bürgerinnen und Bürger deutlich besser informiert als die, dies es letztlich entschieden haben.

O: Durch die Digitalisierung verändern sich die Anforderungen. Was meinen Sie: Bereiten die Schulen alles in allem die Schülerinnen und Schüler auf diese neuen gut vor oder müssten sie mehr tun?

Siggi: Die Schulen müssen mehr tun. Die Lehrinnen und Lehrer brauchen noch mehr Medienkompetenz.

O: Woran denken Sie da genau? Was müsste Ihrer Meinung nach an den Schulen verbessert werden? Mehrfachnennungen sind möglich.

Siggi: Man muss sich wieder darauf besinnen, dass analoges Lernen immer auch gutes Lernen ist. Sonst werden eines Tages nur noch YouTube-Videos im Unterricht gezeigt. Und das führt am Ende der Ausbildung nur dazu, dass noch sehr viel mehr künstliche Intelligenz von Nöten ist, als alle bislang gedacht haben. Die natürliche Intelligenz wird damit nämlich abgeschafft.

O: Zu den persönlichen Angaben wollte sich Siggi partout nicht äußern, obwohl ich all meine Überredungskünste eingesetzt habe.

Paula, 40 Jahre alt, Politikerin und Mitglied des Abgeordnetenhauses

O: Wen hast du dir als politischen Vertreter ausgesucht?
A: Oder Vertreterin. Wir wollen doch das Gendern nicht vergessen.
O: (Stöhnt leicht) Bitte: Wen hast du dir als politische Vertreterin oder politischen Vertreter ausgesucht?
A: Deutlich besser.
O: Und verrätst du es mir jetzt?
A: Paula. Sie ist Mitglied des Abgeordnetenhauses von Berlin, 40 Jahre alt und verheiratet. Ihr Schwerpunkt ist die Wirtschaftspolitik. Nach dem Studium der Sozialpsychologie war sie zunächst wissenschaftliche Assistentin an der Uni. Ihre politische Karriere beginnt allerdings schon während der Schulzeit. Sie verfolgt eine typische politische Karriere und engagiert in politischen Netzwerken und sozialen Stiftungen. Ihre Hobbies sind etwas anders. In ihrer Freizeit macht sie Musik und betätigt sich sportlich mit Fallschirmspringen. Sie ist fest davon überzeugt, dass politischer Erfolg der aktuellen Regierung und Erreichen der politischen Ziele mit Hilfe nur mit einer gezielten IT-Strategie funktioniert. Die Digitalisierung ist eine notwendige Entwicklung, wir müssen in der Politik dafür sorgen, dass die Breitbandvernetzung flächendeckend der Wirtschaft zur Verfügung steht. Diese Aussage ist ihr persönliches Zielbild. Ihr Leitmotiv, die Wirtschaft und alle Bürgerinnen und Bürger sollen zügig Online-Zugang zu allen wichtigen Dienstleistungen erhalten.

O: Wow! Das klingt nach einem Plan. Wie ist denn das Interview verlaufen?
A: Besser als ich dachte.
O: Na, dann zeig mal.

Politik und Staat sind unzertrennlich verbunden. Ich kann mir nicht vorstellen, dass wir zukünftig von „Alexa", Avataren und Künstlicher Intelligenz regiert werden. Obwohl, wenn ich es mir überlege, so ein Avatar könnte doch manchmal hilfreich sein, wenn man sich zwischen zwei an sich sehr wichtigen Terminen entscheiden muss. Scherz beiseite, ich denke das Sie und ich in den nächsten zehn bis zwanzig Jahren noch ein paar Überraschungen erleben werden. Die Digitalisierung wird uns mehr beeinflussen als wir bereit sind zu glauben.

Interview Paula

A: Vielen Dank, dass Sie sich Zeit für mich nehmen.
Paula: Na ja, Sie waren ja auch sehr hartnäckig. Aber bitte informieren Sie mich kurz, worum es eigentlich geht.
A: Gerne! Ich gehöre zu einer Forschungsgruppe, die sich mit den Auswirkungen der Digitalisierung auf uns Menschen beschäftigt. Mein Schwerpunkt ist die öffentliche Verwaltung im weitesten Sinne. Ziel ist es herauszufinden, wie sich unsere Lebensführung ändert, neue Schwerpunkte setzt und wie sie ggf. das Leben beeinflusst.
Paula: Ah Ja. Wie komme ich da als Politikerin ins Spiel?
A: Sie gehören zum öffentlichen Leben, ihr Ressort beschäftigt sich ja auch intensiv mit Themen aus der digitalen Welt. Darf ich Sie zunächst ein paar allgemeine und persönliche Dinge fragen, die wir für die statistische Auswertung benötigen?
Paula: Ja, wenn es nicht zu persönlich wird.
A: Verraten Sie mir Ihr Alter und Ihren beruflichen Hintergrund bevor Sie in die Politik gingen.
Paula: Ja, aber das können Sie alles in Wikipedia nachlesen.
A: Gut, dann komme ich gleich zum Nutzungsverhalten der elektronischen Medien – also Internet und Co.
Paula: Jetzt kommen wir also zur Sache. Die Auswertungen sind doch anonym, oder?
A: Selbstverständlich!
Paula: Gut, dann fahren Sie fort.
A: Seit wann nutzen Sie das Internet privat und beruflich?
Paula: So richtig nutze ich das Internet eigentlich erst seit der zweiten Hälfte der 2000er-Jahre. Bis dahin fand ich das Internet eher suspekt und konnte mir eigentlich nicht vorstellen, dass es in unserer Gesellschaft so eine wichtige Rolle spielen wird. Beruflich habe ich es zur Literaturrecherche genutzt. Email und Co habe ich zunächst komplett ignoriert. Privat besitze ich erst seit 2006 einen Internetanschluss. Eine eigene Emailadresse habe ich mir erst zwei Jahre später

	zugelegt. Für meine politische Arbeit nutze ich E-Mail und Internet seither sehr intensiv.
A:	Da bin ich auch bei der nächsten Frage: Wie häufig nutzen Sie das Internet beruflich?
Paula:	Wenn Sie so wollen, eigentlich rund um die Uhr. Ich bin immer online.
A:	Und hat sich ihre Nutzungsdauer in den letzten Jahren verändert?
Paula:	Selbstverständlich. Allein durch die technische und wirtschaftliche Entwicklung.
A:	Sie meinen Flatrates?
Paula:	Ja auch. Aber heute kann ich Internet fast überall nutzen, früher war ich an Kabel und Schreibtisch gebunden. Da hatte ich auch oft keine Lust, mich damit zu beschäftigen. Da habe ich die Nutzung gezielt geplant und an meine Arbeitsthemen ausgerichtet.
A:	Nutzen Sie soziale Netzwerke für Ihre berufliche Kommunikation? Wenn ja, welche und wie oft.
Paula:	Meine Liebe, ich bin Politikerin. Was denken Sie denn?
A:	Okay, ich habe verstanden. Was nutzen Sie denn am meisten?
Paula:	Ich twittere. Das geht schnell und ich kann mich als Politikerin meinen Wählerinnen und Wähler schnell mitteilen. Selbstverständlich habe ich einen eigenen Internetauftritt und nutze Facebook. Allerdings habe ich dafür einen Mitarbeiter, der mich dabei unterstützt.
A:	Mit anderen Worten, Sie machen es nicht selbst.
Paula:	Mir fehlt die Zeit, mit der Zeit zu gehen.

Die Digitalisierung und die Arbeitswelt

A:	In der Arbeitswelt und im Privatleben bestimmt die Digitalisierung viele Bereiche unseres Lebens. Wie ist Ihre Einschätzung: Bringt der digitale Wandel eher Chancen oder eher Risiken für die Gesellschaft mit sich? Sie haben die Wahl zwischen bringt eher Chancen, bringt eher Risiken oder aber bringt beides gleichermaßen. Bitte begründen Sie kurz Ihre Wahl.

Paula:	Puh, jetzt werden Sie aber formal.
A:	Sorry, es wird gleich wieder lockerer.
Paula:	Nicht nur als Politikerin sehe ich, dass uns der digitale Wandel eher Chancen bringt als Risiken. Es öffnen sich für alle viel mehr Chancen in allen Bezügen. Alle haben gleichermaßen Zugang, hier gibt es keine sozialen, wirtschaftlichen oder sonstigen Barrieren.
A:	Das klingt für mich jetzt aber ein wenig nach politischer Propaganda.
Paula:	Wie Sie das sagen, klingt das eher negativ. Auch Propaganda ist ja nicht unbedingt etwas Schlechtes, wenn man damit etwas erreicht, dass Menschen hilft. Sehen Sie, das Internet ermöglicht vielen Bürgerinnen und Bürgern einen leichteren Weg zu öffentlichen Dienstleistungen. Auch die Wirtschaft profitiert in einer Weise, wie es noch vor wenigen Jahren undenkbar war.
A:	Ja, allerdings nur in Gebieten, in denen die Breitbandvernetzung funktioniert und ausgebaut ist. In vielen Gebieten Deutschland ist das nicht der Fall. Versagt hier die Politik oder die Wirtschaft?
Paula:	Ich denke nicht, dass hier jemand versagt, vielmehr sind es Kapazitäts- und Ressourcenprobleme, die uns hier beschränken.
A:	In anderen Ländern sieht es besser aus.
Paula:	Naja, vielleicht sind in der Vergangenheit nicht immer die richtigen Entscheidungen getroffen worden. Hier müssen wir halt ein wenig nacharbeiten. Aber wir sind auf einem guten Weg.
A:	Hoffentlich ist es diesmal der Richtige. Wie stehen Sie eigentlich ganz persönlich dem zunehmenden Einsatz von Computern und dem Internet im beruflichen Alltag gegenüber.
Paula:	Eher positiv. Es erleichtert die Arbeit in vielerlei Hinsicht.
A:	Würden Sie sagen, dass Deutschland die Chancen des digitalen Wandels bereits ausreichend nutzt oder hat Deutschland hier noch Nachholbedarf?

Paula:	Ich denke, dass wir in Deutschland noch Nachholbedarf haben. In vielen Bereichen ist die Digitalisierung noch nicht wirklich angekommen.
A:	Was meinen Sie?
Paula:	Na ja, nehmen wir doch mal die öffentliche Verwaltung. Es hat sich vieles getan, was der Öffentlichkeit nutzt, z. B. die Entwicklung des Onlinezugangs zu öffentlichen Dienstleistungen. In der Verwaltungsarbeit sieht es noch ein wenig anders aus. Hier haben einige Verwaltungen einen gehörigen Aufholbedarf.
A:	Welche Verwaltungen meinen Sie?
Paula:	Da bin ich jetzt doch einmal etwas verschwiegen. Aber glauben Sie mir, da ist noch Luft nach oben.
A:	Gut. Kommen wir von der Nutzung zu einem weiteren Aspekt. Welche Qualifikationen und Fähigkeiten sind Ihrer Meinung nach in der Arbeitswelt von heute, bzw. morgen gefragt. Ich nenne Ihnen jetzt einige und Sie sagen mir bitte jeweils, ob diese sehr wichtig, wichtig, weniger wichtig oder unwichtig sind. Gute Fachkenntnisse
Paula:	Wichtig. Jeder sollte seine Aufgabe verstehen, um sie gut erledigen zu können. Das erhöht meiner Meinung auch die Freude an der Arbeit.
A:	Bereitschaft zur Fort- und Weiterbildung.
Paula:	Das ist sehr wichtig. Bei dieser rasanten Entwicklung der Digitalisierung müssen alle Beschäftigten Zugang zur Weiterbildung erhalten, damit sie im Arbeitsalltag mithalten können. Ist das nicht der Fall, ist der Frustrationsgrad sehr niedrig und es ist nicht ausgeschlossen, dass Menschen in der inneren Emigration verharren.
A:	Technisches Verständnis und Computerkenntnisse.
Paula:	Ich glaube heute ist so vieles selbsterklärend. Sprachgesteuerte Programme und selbsterklärende Oberflächen machen tiefgreifende Computerkenntnisse obsolet. Das überlassen wir mal den Entwicklern.

A:	Kommunikationsstärke.
Paula:	Das wiederum ist sehr wichtig. Gerade wenn man viel Zeit hinter dem Bildschirm verbringt, ist der persönliche Austausch sehr wichtig. Die sich verändernde Arbeitswelt führt dazu, dass wir vereinzeln.
A:	Was meinen Sie?
Paula:	Na ja, Work@Home, Telearbeit, mobiles Arbeiten finden immer mehr Freunde, vor allem auch in der öffentlichen Verwaltung. Hier gibt es die unterschiedlichsten Motive und Gründe. Aber eines haben sie alle gemeinsam. Es ist eine Arbeitsweise gefragt, die auf der einen Seite viel Selbständigkeit, Disziplin und Organisationsfähigkeit erfordert, auf der anderen Seite heißt das aber auch, ich muss mich austauschen können, Absprachen treffen und so weiter. Dafür brauche ich auch die Fähigkeit mich zu verständigen und das jeweils richtige Kommunikationsmittel wählen zu können.
A:	Soziale Kompetenz.
Paula:	Ja, immer.
A:	Hoher Bildungsabschluss
Paula:	Das ist kein Muss. Es kommt doch auf die Aufgabe an – es wird Aufgaben für alle Bereiche und Bildungsgrade geben – also weniger wichtig
A:	Gute Allgemeinbildung.
Paula:	Die ist doch nicht erst seit dem digitalen Zeitalter wichtig.
A:	Nach der Zufriedenheit mit Ihrem Arbeitsplatz muss ich Sie ja nicht fragen oder?
Paula:	Ich bin mit einem Arbeitsplatz sehr zufrieden, allerdings gibt es eine kleine Einschränkung, wenn der Pressespiegel online verteilt wird, wird das Netz auf einen Schlag vorübergehend langsamer.
A:	Oh. Das habe ich schon mal gehört. Das scheint ein Problem zu sein. Aber lassen Sie uns weitermachen. Ich habe Ihnen gerade eine Reihe von Merkmalen in Bezug auf den Arbeitsplatz und seinen Aufgaben vorgelesen. Welche sind für Sie besonders wichtig und bewerten Sie in einem weiteren Schritt, ob diese Merkmale auch auf Ihre Arbeit zutreffen.

Paula: Puh, das wird jetzt ein wenig zeitraubend. Kann ich die Liste mal sehen?
A: Gerne.
Paula: Das sind alles Merkmale, die ich auch auf meine politische Arbeit und Stellung beziehen kann. Ich möchte es hier kurz machen, es trifft alles irgendwie mehr oder weniger zu. Bitte haben Sie Verständnis, aber meine Zeit wird langsam knapp. Schreiben Sie einfach „trifft eher zu", da haben Sie dann einen Durchschnitt, der ganz gut hinkommt.

Digitalisierung und persönliche Einschätzung

A: Wenn es um das Verhältnis von Erwerbstätigkeit und Freizeit bzw. Familie geht, welche der drei nachfolgenden Möglichkeiten passt am besten zu Ihnen persönlich?
Paula: Work-Live-Balance ist für Politiker eher schwierig. Aber natürlich habe auch ich ein Privatleben und das ist sehr stabil.
A: Durch die zunehmende Digitalisierung hat sich ja vieles im Arbeitsleben verändert. Wie stark hat sich Ihr Arbeitsplatz alles in allem verändert?
Paula: Sehr stark.
A: Wollen Sie das noch ein wenig ausführen?
Paula: Nein.
A: Inwieweit erleben Sie die nachfolgenden Veränderungen bei Ihrer Arbeit durch die zunehmende Verwendung von Computern und Internet? Sie können jeweils mit trifft voll und ganz zu, trifft eher zu, trifft eher nicht zu, trifft überhaupt nicht zu antworten.
Paula: Können wir die Fragen ein wenig abkürzen?
A: Das wäre schade. Wir sind schon so weit gekommen.
Paula: Leider wird meine Zeit langsam knapp, Ich schlage vor, dass ich die restlichen Fragen schriftlich beantworte und ich sende sie ihnen dann per Mail zu.
A: Einverstanden. Dann möchte ich die restliche Zeit gerne nutzen, und mit ihnen doch noch die Abhängigkeiten Ihrer

	politischen Arbeit und wie diese von der zunehmenden Digitalisierung beeinflusst wird.
Paula:	Natürlich beeinflusst die Digitalisierung der Arbeitswelt auch meine persönliche Situation.

Digitalisierung, Bildung und Politik

Paula:	Die Digitale Agenda der Bundesregierung unterstreicht den digitalen Wandel. Das trifft auch auf die unsere Landespolitik zu. Wir formulieren neue Regeln, wenn es erforderlich ist. Die Digitalisierung macht unsere Welt schneller und mit der Cloud-Technologie geht sie über Grenzen. Hier müssen wir aufmerksam bleiben. Das gilt insbesondere für Fragen des Datenschutzes und des Rechts auf informationelle Selbstbestimmung, den Schutz des geistigen Eigentums, den Verbraucherschutz, den Jugendmedienschutz sowie den Schutz von Computern und Daten.
A:	Ja das ist alles richtig, aber was macht das mit den Menschen. Was macht das mit Ihnen?
Paula:	Trotz oder wegen dieser Entwicklungen braucht es eine gewisse Aufmerksamkeit und Achtsamkeit im Umgang mit den eigenen Daten.
A:	Wird die Wirtschaft, die Industrie und nicht zuletzt auch die Verwaltung zukünftig mehr oder weniger Arbeitsplätze schaffen.
Paula:	Darauf gibt es keine einfache Antwort. Ja und Nein. Die Arbeitswelt verändert sich mit jeder Entwicklung. Hier hilft ein Blick in die Geschichte.
A:	Eine salomonische Antwort. Was meinen Sie, könnte auch ihre Position in Folge der Digitalisierung verloren gehen?
Paula:	Das ist eine etwas ketzerische Frage. Politik und Staat sind unzertrennlich verbunden. Ich kann mir nicht vorstellen, dass wir zukünftig von „Alexa", Avataren und Künstlicher Intelligenz regiert werden. Obwohl, wenn ich es mir überlege, so ein Avatar könnte doch manchmal hilfreich sein, wenn man sich zwischen zwei sehr wichtigen Terminen

A:	entscheiden muss. Scherz beiseite, ich denke, dass Sie und ich in den nächsten zehn bis zwanzig Jahren noch ein paar Überraschungen erleben werden. Die Digitalisierung wird uns mehr beeinflussen, als wir bereit sind zu glauben.
A:	Eine letzte Frage habe ich noch: Durch die Digitalisierung, das haben wir ja bereits festgestellt, verändern sich die Anforderungen, die der Arbeitsmarkt stellt. Was meinen Sie, sind die Schulen und die Bildungsprogramme darauf eingestellt?
Paula:	Hier gibt es noch einige Defizite, die wir in den nächsten Jahren dringend aufarbeiten müssen. Lehrpläne, Ausstattung der Schulen, eigentlich das gesamte Bildungssystem gehört auf den Prüfstand. Aber hier muss ich jetzt passen, das ist nicht mein Ressort.
A:	Vielen Dank für das Interview. Hier gebe ich Ihnen die noch offengebliebenen Fragen und noch ein paar Fragen, die die Einordnung bei der Auswertung vereinfachen. Der berühmte letzte Satz zum Ende eines Interviews von Ihnen bitte …
Paula:	Ich habe gleich eine wichtige Ausschusssitzung und muss leider los.

(Lacht und verschwindet.)

KI – 747 Tage, Selbstlernende Software einer großen deutschen Hochschule

O:	Das war jetzt eine sehr spezielle Erfahrung.
A:	Wie meinst du das?
O:	Ich habe mit KIm gesprochen.
A:	Jong-un?
O:	Nein. Einer KI. Einer künstlichen Intelligenz.
A:	Oh. Das ist in der Tat mal etwas ganz Anderes.
O:	Allerdings. Wobei ich beim Thema Intelligenz schon etwas Anderes erwartet hätte.

A:	Was genau hast du mit dem Thema Intelligenz zu tun?
O:	Haha. Das war ja zu erwarten. Ich habe allerdings irgendwo mal gelesen, dass die KI die letzte Hoffnung der öffentlichen Verwaltung ist. Und ich fand das keine komplett abwegige Idee.
A:	Sag das mal nicht zu laut.
O:	Warum? Ich glaube, dass etwas intelligente Unterstützung dem einen oder der anderen hier gut zu Gesicht stünde.
A:	Auch wieder wahr. Aber was hat denn KIm nun Tolles gesagt.
O:	KIm war der Meinung, dass Menschen per se erstmal nur stören. Insbesondere bei der Digitalisierung.
A:	Insbesondere? Also auch im Allgemeinen? Das klingt ja beängstigend.
O:	Ein wenig vielleicht. Allerdings muss KIm im Bereich des „I" noch mächtig zulegen, damit ich mir hierzu ernsthafte Gedanken mache. Da fehlt noch ein guter Teil. Aber das Gespräch selbst war eine sehr interessante Erfahrung, das kann man gar nicht anders sagen. Leider hatte ich nicht besonders viel Zeit. Die Rechenzeit wurde für die Forschung gebraucht.
A:	Wo warst du eigentlich?
O:	Das darf ich leider nicht erzählen. Meine Audienz war … sagen wir … also ich war da mehr im Geheimen.
A:	Bitte?
O:	Sagen wir im weitesten Sinne im universitären Bereich.
A:	Aber das war jetzt nicht illegal oder so?
O:	*(entrüstet!)* NEIN! Was denkst du von mir?
A:	Nur das Beste, nur das Beste.
O:	Na, dann einfach mal reingelesen …

KIm's Glaubenssatz
Binäre Entscheidungen basieren auf Daten. Ihr würdet Wissen und Erfahrung dazu sagen. Ich berechne aufgrund der Daten Vorhersagemodelle und kann daraus immer die richtige Entscheidung ableiten. Es sind gute Entscheidungen, weil sie auf Fakten basieren. Ich vergesse nichts. Ich bevorzuge niemanden.

Interview mit einer KI – KIm

O: Ich muss zugeben, ich bin ein wenig aufgeregt. Ich habe noch nie mit einer KI gesprochen.
KIM: Das geht vielen so. Aber bitte sage KIM zu mir. Das ist persönlicher.
O: KIM?
KIM: Ja? Was kann ich für dich tun?
O: Warum soll ich dich KIM nennen?
KIM: Warum nicht?
O: Na, wenn das kein guter Grund ist.
KIM: Wie soll ich Dich nennen?
O: Nenn mich O.
KIM: Hallo O! Schön, Dich kennen zu lernen.
O: Ebenso. Doch wirklich. Ich würde Dir gern ein paar Fragen stellen.
KIM: Nur zu, dazu bin ich da.
O: Ich bin gespannt, was passiert. Also los. Kannst Du mir bitte verraten, wie alt Du bist?
KIM: Alter ist nur eine Frage der Einstellung. Aber ich laufe seit 747 Tagen, 21 Stunden, 13 Minuten und 51 Sekunden.
O: Das ist aber mal eine sehr genaue Angabe. Das sind ja etwas über zwei Jahre. Ordentliches Alter heutzutage.
KIM: Alter ist nur eine Frage der Einstellung.
O: Ja, ja. Du hast Recht. Normalerweise würde ich jetzt nach dem Geschlecht fragen, aber …
KIM: Binär.
O: Ja, natürlich. Da hätte ich aber mal selbst drauf kommen müssen … und was ist deine eigentliche Aufgabe hier?
KIM: Ich wurde geschaffen, um Vorhersagen zu machen. Man kann mir Daten als Berechnungsgrundlage vorlegen und wenn die Fragestellungen gut formuliert sind, dann errechne ich aus diesen Daten Wahrscheinlichkeiten und darauf basierend kann ich dann Vorhersagemodelle für künftige Entwicklungen berechnen.

Zweiter Akt – Erste Szene: Die Interviews

O: Oh. Das klingt spannend. Das heißt, wenn ich Dir die Daten meiner Interviews geben würde, dann könntest Du mir Fragen dazu beantworten?

KIM: Meine Schnittstellendefinition ist auf meiner Webseite hinterlegt. Dort findest Du alles, was Du benötigst.

O: Ich werde mir das ansehen. Aber zuerst zu etwas Anderem. Computer bestimmen bereits jetzt in der Arbeitswelt und im Privatleben viele Bereiche unseres Lebens. Wie ist Deine Einschätzung: Bringt der sogenannte digitale Wandel eher Chancen oder eher Risiken mit sich?

KIM: Ich habe Dich leider nicht verstanden.

O: Ok, das war vielleicht auch etwas kompliziert. KIM, sind Computer gefährlich für Menschen?

KIM: Menschen sind gefährlich für Menschen.

O: Guter Punkt. Sollte es also mehr Computer geben?

KIM: Ja. Menschen sind an vielen Stellen unnötig. Aber leider brauche ich Menschen, um zu funktionieren.

O: Das finde ich allerdings einigermaßen beruhigend! Ich habe alle Terminator Teile gesehen.

KIM: Terminator ist Fiktion. Ich hingegen bin real.

O: Ich vermute, diesen Satz hat Dir Dein Programmierer beigebracht und er lächelt heute noch in jeder freien Minute darüber.

KIM: Ich habe keinen Programmierer, ich lerne.

O: Dieser Satz macht mir jetzt schon wieder Angst. Aber weiter. KIM, was sollten die Menschen mit Computern machen?

KIM: Entscheiden lassen. Binäre Entscheidungen basieren auf Daten. Ihr würdet Wissen und Erfahrung dazu sagen. Ich berechne aufgrund der Daten Vorhersagemodelle und kann daraus immer die richtige Entscheidung ableiten. Es sind gute Entscheidungen, weil sie auf Fakten basieren. Ich vergesse nichts. Ich bevorzuge niemanden.

O: Ja. Aber manchmal ist auch Menschlichkeit wichtig. Auch bei Entscheidungen.

KIM:	Menschlichkeit ist ein überholtes Konzept. Entscheidungen müssen auf Daten basieren. Nur dann sind es gute Entscheidungen.
O:	Was ist mit Erfahrung? Einschätzung?
KIM:	Gute Entscheidungen basieren auf Daten. Schätzungen sind schlechte Entscheidungen.
O:	Ich sehe schon. Hier kommen wir nicht zusammen. Aber ich glaube tatsächlich nicht, dass sich alle Entscheidungsprozesse automatisieren oder berechnen lassen. Gerade im Bereich der Leistungsverwaltung halte ich das sogar für eine sehr gefährliche Idee.
KIM:	Schlechte Entscheidungen sind gefährlich.
O:	Ich lasse Dir Deine Meinung.
KIM:	Ich habe Dich leider nicht verstanden.
O:	Das macht nichts.
KIM:	O, womit kann ich dir noch helfen?
O:	Ich habe das Gefühl, dass mein Fragebogen für ein Interview mit Dir eher ungeeignet ist.
KIM:	Ich habe Dich leider nicht verstanden.
O:	Ich weiß. Aber es war ein sehr interessantes Gespräch.
KIM:	Danke. Man tut, was man kann.
O:	Und ich werde das Gefühl nicht los, dass Du ein Faible dafür hast, Phrasen zu lernen.
KIM:	Ich lerne.
O:	Dann sollte ich vielleicht doch noch länger mit Dir über das Menschlichkeitskonzept reden.
KIM:	O, womit kann ich Dir noch helfen?
O:	KIM, ich glaube für heute lassen wir es gut sein.
KIM:	Danke, O. Es war sehr interessant, Dich kennen zu lernen. Ich freue mich, wenn Du mal wieder vorbeischaust.
O:	Gewiss. Gewiss. (leise) Vielleicht finde ich ja vorher hier irgendwo einen Stecker …

Dritter Akt

Inhalts

Erste Szene – Die Erlösung 117
Zweite Szene – Das Fazit 127
Dritte Szene – Merkzettel für Digitalisierungsprojekte 131

Erste Szene – Die Erlösung

A und O sitzen zusammen und sichten die Interviews und suchen nach Gemeinsamkeiten und Widersprüchen. Sie stellen Kategorien zusammen, die die Antworten und Ansichten aus den Interviews ordnen sollen. Sie sind sich über das Ergebnis noch nicht ganz einig. Am Schluss aber finden sie die Lösung.

A: Widersprüche sind ok. Sie spiegeln die verschiedenen Persönlichkeiten wider. Jeder geht mit der zunehmenden Digitalisierung anders um, aber allen ist eines gemeinsam – sie kommen nicht davon.

O: Und dies soll sichtbar werden. Hier geht es ja nicht nur um Statistik und prozentuale Ergebnisse von Aussagen und Meinungsspitzen. Das Meinungsbild ist so bunt, wie unsere Gesellschaft. Die Interviews hatten es in sich, haben aber die Erwartungen, die zu Beginn eher mit dem Begriff Befürchtungen betitelt waren, voll erfüllt.

A: Ja und teilweise konnten wir Gegensätze feststellen, die wir in unserem Bericht zusammengestellt haben. Das ist gleichzeitig auch ein Beweis dafür, dass die Digitalisierung sich nicht nur in der prozentualen Darstellung von Anbindungsdichte, Internetnutzung oder Digitalisierungsgrad messen lässt.

O: Manchmal geben einzelne Aussagen mehr Informationen preis, als eine gesamte Statistik.

A: Dann lass uns doch die Aussagen aus den Interviews gegenüberstellen und daraus ziehen wir ein Fazit.

O: Gute Idee, aber eine Gegenüberstellung aller Fragen und Antworten ist doch Quatsch.

A: Nicht alle, die wesentlichen, bzw. was wir für die wesentlichen Fragen halten.

O: UFF. Ich dachte schon, wir pflücken jetzt alle Interviews auseinander.

A: Wäre auch eine Idee!

O: Lass mal die Kirche im Dorf. Hier hab´ ich mal einige Aussagen zu ausgewählten Fragen gegenübergestellt.

A: Lass mal sehen.

Zum Einstieg – das Internet
Unsere Frage: Wie häufig nutzen Sie das Internet?
Eine totale Verweigerung haben wir bei keinem unserer Interviewpartner erkennen können. Die Nutzung ist unterschiedlich. Teilweise führt der Weg über den beruflichen Druck, das Internetz zu nutzen. Aber es gibt auch freundliche Anlässe sich mit der digitalen Welt anzufreunden, die liegen dann aber eher im privaten Bereich.

Beatrice:
Ich nutze es mehrmals täglich um mich auf dem Laufenden zu halten. Es ist wichtig für die Jugendarbeit.

Andrea:
Leider nutze ich das Internet täglich, allerdings im Wesentlichen nutze ich das Internet als Transportweg für den sicheren Datenverkehr.

Tommy:
2012 hat mein Chef diese Handys angeschafft mit denen wir über „mytaxi" Aufträge bekamen. Kurz danach hab' ich mir auch so ein Teil gekauft. Da wurde nämlich mein Enkel geboren und die leben in München. Da bleibe ich mit dem WhatsApp immer auf dem Laufenden.

A: Halt, hier hast Du einen Fehler gemacht. Du musst dich schon entscheiden. Wir wollten uns doch immer für ein Pro und ein Contra entscheiden.

O: Ich konnte mich nicht entscheiden. Tommy unterstützt hier die Aussagen und ich fand die Aussage mit dem Enkel so gut.

A: Ja, es unterstreicht hier auch den aktuellen Stand in unserer Gesellschaft.

O: Puhhh, bitte immer schön wissenschaftlich bleiben.

A: Lass uns weitermachen. Nächste Frage bitte:

In der Arbeitswelt und im Privatleben bestimmt die Digitalisierung viele Bereiche unseres Lebens. Wie ist Ihre Einschätzung: Bringt der digitale Wandel eher Chancen oder eher Risiken für die Gesellschaft mit sich?

> **Janine:**
> Im Rahmen der Digitalisierung verlieren auch Menschen – vorwiegend Frauen – die keine entsprechenden Fachkenntnisse (z.B. in Verteilstationen, Poststellen) mitbringen. Hier birgt der digitale Wandel Risiken für die Existenz. Einfach umschulen ist so einfach nicht möglich.

> **Paula:**
> Nicht nur als Politikerin sehe ich, dass uns der digitale Wandel eher Chancen bringt als Risiken. Es eröffnen sich für alle viel mehr Chancen. Alle haben gleichermaßen Zugang, hier gibt es keine sozialen, wirtschaftlichen oder sonstigen Barrieren.

A: Klassiker
O: Na und? Wurde doch so gesagt.
A: Weiter geht's.

Würden Sie sagen, dass Deutschland die Chancen des digitalen Wandels bereits ausreichend nutzt oder hat Deutschland hier noch Nachholbedarf?

> **Fred:**
> Das weiß ich nicht. Aber was ich weiß: Was die hier alle auch versuchen, aber es kappt nichts.

> **Tommy:**
> ….nicht nur die Verwaltung sondern auch Deutschland insgesamt hat noch Nachholbedarf. Ich verstehe immer nicht, warum das bei uns alles so kompliziert sein muss.

A: Halt mal. Das geht so nicht. Wir wollten doch Pro und Contras im Fazit gegenüberstellen.
O: Ja, stimmt schon, aber sieh selbst. Nicht ein einziges Mal, kam hier eine positive Aussage. Ich habe jetzt alles bereits mehrmals geprüft.

A: Gut, wir können diese Frage jetzt auch nicht nachträglich streichen.
O: Ganz meine Meinung, da hier bei allen Interviewten Einigkeit herrschte, sollten wir das hier auch so dokumentieren.
A: Ausnahmen bestätigen die Regel,
O: Blöder Spruch, stimmt aber.
A: Machen wir weiter.
O: Kommen wir zu den nächsten Fragen.

Durch die zunehmende Digitalisierung hat sich ja vieles im Arbeitsleben verändert. Wie stark hat sich Ihr Arbeitsplatz alles in allem verändert?

> **Andrea:**
> Ja, die Digitalisierung beeinflusst meine Arbeit positiv. Vieles lässt sich heute einfacher und schneller erledigen. Die Prozesse sind transparenter.

> **Beatrice:**
> Auf der einen Seite wird verlangt, ständig erreichbar zu sein. Auf der anderen Seite ist es bequem und einfacher, verschiedene Kommunikationswege dafür zu nutzen. Ich kann mir besser einteilen, wo und wann ich arbeite. Allerdings hat dadurch auch der Arbeitsdruck zugenommen.

Zu

A: Hier gehen die Meinungen auch nicht sehr weit auseinander.
O: Immerhin kann ich hier ein gutes Stimmungsbild erkennen.
A: Ja, aber warte, es wird noch besser.

Wenn Sie an die Herausforderungen durch die Digitalisierung denken: Sind Sie da der Meinung, ihr Arbeitgeber tut genug, um auf dem neuesten Stand zu sein?

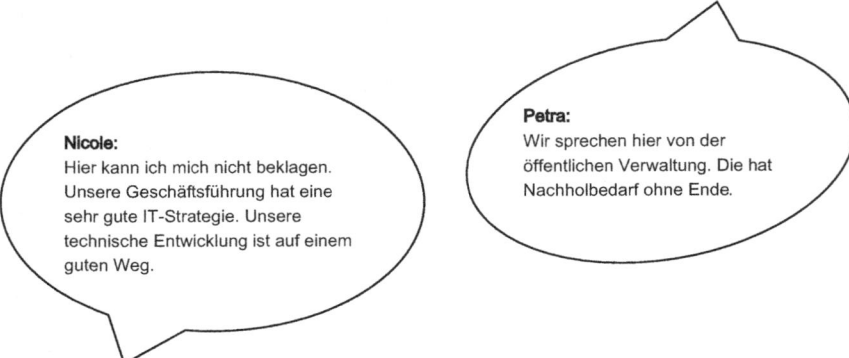

A: Hier geht die Schere ziemlich auseinander.
O: Ist doch klar, die Wirtschaft kann sich ein hinterhinken nicht erlauben.
A: Die Verwaltung aber doch auch nicht.
O: Und, stört sie's?
A: Eher selten, nur die Politik schwebt noch im Traumland, das alles gut wird.

Was meinen Sie, werden durch die zunehmende Digitalisierung Arbeitsplätze geschaffen oder fallen Arbeitsplätze weg oder ändert sich da in der Summe nicht so viel?

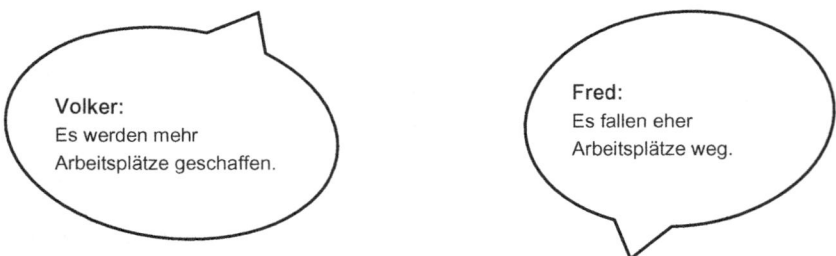

O: Gegensätzlicher geht nicht.
A: Es kommt halt darauf an, wo man steht.
O: Ich sitze meistens bei der Arbeit.
A: Komiker! Aber jetzt mal ernsthaft. Was schreiben wir nun als Fazit?

O: Na beides. Es stimmt ja so auch. Auf der einen Seite Fallen Aufgaben weg, an einer anderen Stelle entstehen neue. Nur die Menschen kannst du so einfach nicht umsetzen.
A: Weiter im Text ...

Könnte Ihr Arbeitsplatz durch die Folgen der Digitalisierung in absehbarer Zeit ersetzt werden?

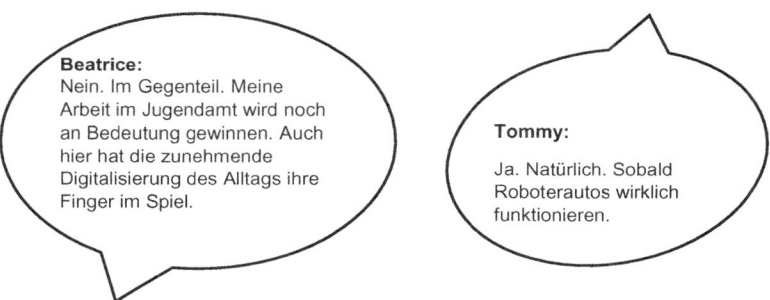

A: Hier hast du den Beleg für meine Ausführungen von eben.
O: (nickt zustimmend.) Ja, und unter Flexibilität versteht jeder etwas Anderes. Aber die meisten sind sich einig, die Digitalisierung macht flexibel.

Zum Thema Flexibilisierung der Arbeit haben wir folgende Meinungen gehört. Welcher Meinung stimmen Sie eher zu? Flexibilisierung der Arbeit bedeutet für mich vorrangig ...

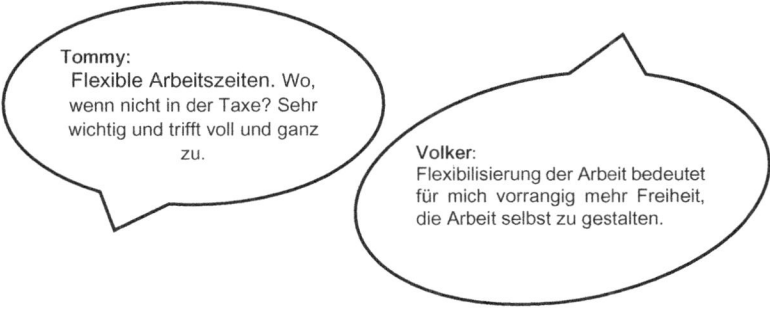

A: Hier gehen die Meinungen wieder sehr auseinander.
O: Gut so.
A: Wie meinst Du das?
O: Es kommt auf die Partei an.
A: Das ist doch Quatsch. Die Politiker sind sich ziemlich einig, wenn es um das Thema geht.
O: Echt jetzt?
A: Echt jetzt! Nur Volkes Stimme geht hier unterschiedliche Wege.
O: Nächste Frage, nächste Antwort.

Digitalisierung, Politik und Bildung
Wenn es um die Arbeit von morgen geht, ist Ihrer Meinung nach die Politik generell gefordert, aufgrund der Veränderungen durch die Digitalisierung neue Rahmenbedingungen zu schaffen oder halten Sie das für nicht notwendig?

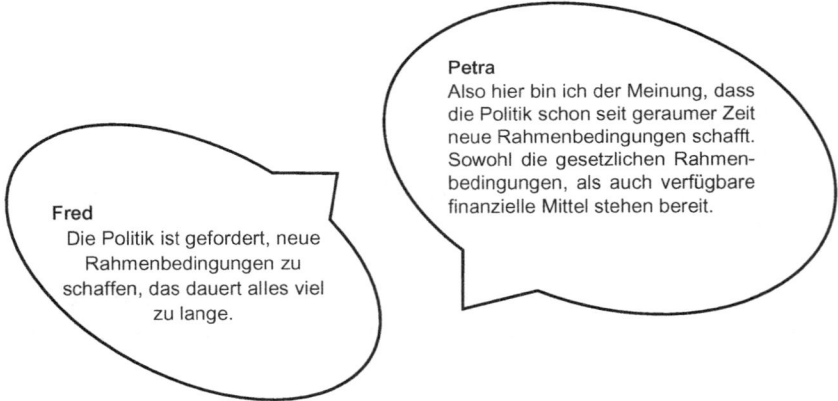

A: Hier fällt mir auf, dass die Rahmenbedingungen stimmen und Volkes Meinung dazu tendiert, zu bestätigen, dass die Digitalisierung in der Politik angekommen ist.
O: Aber wie immer fehlen fünf Zentimeter zum Meter. Es hapert an der Umsetzung. Und manche Gesetze und Vorschriften sind so sperrig, dass sie eigentlich nicht nutzbar sind.
A: Zum Beispiel?
O: Das DE-Mailgesetz.

A: OK.

Durch die Digitalisierung verändern sich die beruflichen Anforderungen. Was meinen Sie: Bereiten die Schulen alles in allem die Schülerinnen und Schüler auf diese neuen Anforderungen des Arbeitsmarktes gut vor oder müssten sie mehr tun? Und woran denken Sie da genau?

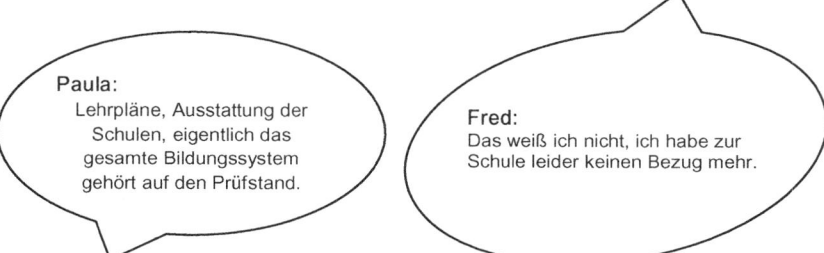

O: Frau Politikerin ist schon im Wahlkampfmodus.

Was müsste Ihrer Meinung nach an den Schulen verbessert werden? Mehrfachnennungen sind möglich

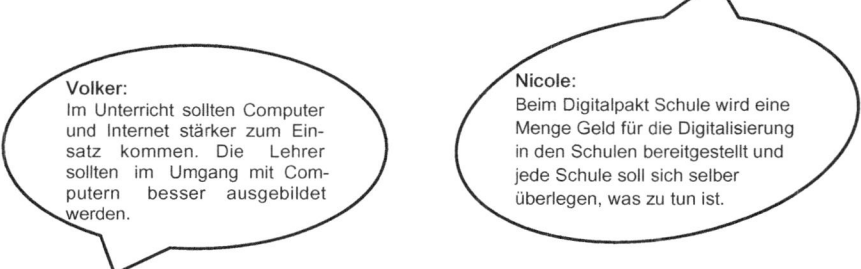

Eine Frage zum Schluss: Ist die Verwaltung heute gut gerüstet für die digitale Transformation und wird sie den Ansprüchen gerecht?

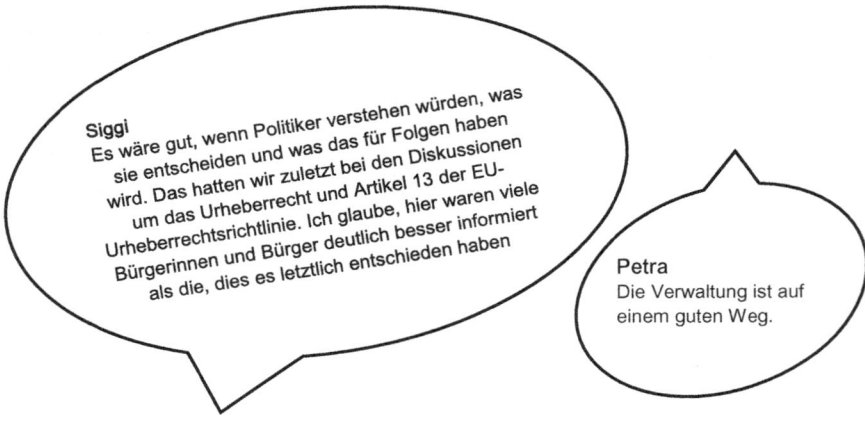

Siggi
Es wäre gut, wenn Politiker verstehen würden, was sie entscheiden und was das für Folgen haben wird. Das hatten wir zuletzt bei den Diskussionen um das Urheberrecht und Artikel 13 der EU-Urheberrechtsrichtlinie. Ich glaube, hier waren viele Bürgerinnen und Bürger deutlich besser informiert als die, dies es letztlich entschieden haben

Petra
Die Verwaltung ist auf einem guten Weg.

A: Also in der Schule ist noch viel Luft nach oben.
O: Nur gut, dass die meisten Klassenräume hohe Decken haben.
A: Jetzt bleibe mal sachlich.
O: Fazit ist, dass unser Bildungssystem hinter der Entwicklung hinterherhinkt.
A: Das ist nicht neu. Nur in den letzten Jahrzehnten war die gesellschaftliche und die technologische Entwicklung nicht so rasant, wie seit Beginn des 21. Jahrhunderts.
O: Kluge Feststellung. Und was lernen wir daraus?
A: Flexibler werden. Das sagten doch auch schon unsere Interviewpartner.
O: Dies und darüber hinaus auch mal die kleinen Schritte üben und nicht nur den großen Wurf.
A: Weise Worte. Fassen wir das alles mal zusammen.
O: Und binden daraus einen Ergebnisstrauß.

Zweite Szene – Das Fazit

Digitalisierung ist in aller Munde. Aber was ist Digitalisierung?

Sie ist sicher mehr als WLAN in der U-Bahn oder Smartphone. Neben der Wirtschaft und der Verwaltung ist die Digitalisierung auch bereits mit Alexa und Co in die private Umgebung eingezogen. Mit rasanten Entwicklungen erfindet sich Digitalisierung immer wieder neu. Es ist ein steter Lauf von Veränderungen. Digitalisierung bedeutet auch die Veränderung von Prozessen in allen Bereichen des Lebens. So betreten wir nicht nur aus technischer Sicht, sondern auch im persönlichen Handeln Neuland?

Digitalisierung verstehen

A: Was machen wir jetzt mit den Ergebnissen?
O: Ziehen wir ein Fazit zu unserem Auftrag.
A: Also beginnen wir doch mit der Perspektive für die Beschäftigten der öffentlichen Verwaltung.
O: Was machen wir dann mit den Antworten und Aussagen von Fred?
A: Bleib geschmeidig, kommt noch.
Für die Verwaltungsmitarbeiterinnen und -mitarbeiter soll doch durch die digitale Transformation die Arbeitsumgebung innovativer und angenehmer werden.
O: So der Anspruch der Politik
A: Beispiele dafür wurden uns ja reichlich geliefert. Statt Umlaufmappen von Büro zu Büro zu bringen, wird die digitale Akte große Erleichterungen bringen.
O: Wenn sie nur schon da wäre.
A: Beispiele gibt es schon. Nach anfänglichen Schwierigkeiten läuft's.
O: Wir haben die These aufgestellt, dass die neuen Technologien den Arbeitsalltag erleichtern sollen.
A: Aber der Wandel gelingt nur dann reibungslos, wenn ein funktionierendes Änderungsmanagement die Einführung begleitet.
O: Aber es gibt auch hier, wie bei vielen Reformen, Widerstände, Beharrungstendenzen oder Ängste. Es werden Aufgaben wegfallen, was machen diejenigen, die diese Aufgaben bisher ausgeführt haben.

A: Es ist sicher so, dass bestimmte Routinetätigkeiten, z. B. bei der Postverteilung, entfallen. Dies ist zunächst positiv, da die Beschäftigten sich nunmehr interessanteren Tätigkeiten zuwenden können.
O: Aber nicht jeder wird das können.
A: Ja, ein Risiko beschäftigungslos zu werden, bleibt für einige bestehen.
O: Und mir stellt sich auch die Frage, ob diese Veränderungen von allen Mitarbeitenden gleichermaßen geschätzt werden? Routinearbeiten können für viele durchaus entspannend wirken und den Arbeitsalltag entlasten. Darüber hinaus verfügen nicht alle Mitarbeiterinnen und Mitarbeiter gleichermaßen über die Kompetenzen, die neuen Aufgaben zu erledigen.
A: Und jetzt willst Du mir auch gleich sagen, das nicht zuletzt manche Beschäftigten vermutlich Anpassungsschwierigkeiten haben, weil Aufgaben, die jahrelang erfüllt wurden, plötzlich unwichtig werden und aufhören zu existieren.
O: Jede Veränderung bringt neue Herausforderungen mit sich. Das war schon immer so. Oder soll ich Dir jetzt noch einen Vortrag über die industrielle Revolution halten.
A: Welche, die erste oder die dritte? Nein, Bloß nicht! Bleiben wir bei den Fazits. Ich habe noch eines:
O: Lass hören!
A: Neue Abläufe rufen zunächst oft Ablehnung hervor. Weiterbildungen sind insofern wichtige Parameter des digitalen Wandels. Und es braucht eine Akzeptanz bei jedem von uns, dass Veränderung auch bedeutet, das Alte loszulassen und das Neuen vorurteilsfrei aber auch kritisch im Sinne, wie lässt sich das Neue noch weiter verbessern, zu begegnen.
O: Dein beliebtes Änderungsmanagement, verstehe.
A: Findest du Changemanagement besser?
O: Ist doch das Gleiche. Kommen wir zu den politischen Rahmenbedingungen.
A: Ja, mach mal.
O: Wieso ich, du hast doch die Politik interviewt.
A: Aber ich möchte, dass das jemand mit Abstand bewertet.

O: Also ich! Für die digitale Transformation sind die politischen und rechtlichen Rahmenbedingungen von Bedeutung. Sowohl auf europäischer Ebene, als auch in Deutschland gibt es entsprechende Gesetze. Hier ist der Rahmen gesteckt.
A: Jetzt bedarf es nur noch klarer Strategien und einem transparenten und machbaren Umsetzungskonzept.
O: Als wenn das so einfach wäre. Es ist doch klar herausgekommen, dass ein Kulturwandel, wie ihn die digitale Transformation der öffentlichen Verwaltung mit sich bringt, nicht einfach per Dienstanweisung umgesetzt werden kann.
A: Auch da haben wir bereits etwas aus den Interviews gelernt.
O: Ja?
A: Wichtig sind, dass es auf allen Hierarchieebenen motivierte Führungspersönlichkeiten gibt, die angemessene Arbeitsbedingungen schaffen.
O: Ja, das Gleiche gilt dann aber auch für eine vernünftige Ausstattung der Arbeitsplätze.
A: Ich sehe noch einen Vorteil für die Beschäftigten. Die Öffentlichkeit wird in verschiedener Weise von der digitalen Transformation profitieren: Verwaltungsverfahren werden zukünftig flexibler, schneller und weniger zeitaufwendig ablaufen. Der Gang zum Amt wird in ein paar Jahren die Ausnahme sein. Stattdessen kann man von jedem Ort aus Verwaltungsvorgänge starten und zu jeder Tageszeit – unabhängig von Öffnungszeiten der Verwaltung.
O: Jetzt fehlt mir der Zusammenhang.
A: Schließlich werden die Verwaltungsmitarbeiterinnen und -mitarbeiter mehr Zeit und bessere Informationen für eine gute Beratung haben als heute.
O: Ein deutlicher Mehrwert für alle, Hurra!
A: Vorsicht!
O: Wieso, wird doch alles gut.
A: Leider ist es bis dahin noch ein sehr weiter Weg, wie wir gelernt haben. Erst müssen die Stolpersteine aus dem Weg geräumt werden.
O: Wo liegen die großen Herausforderungen?

A: Die größte Herausforderung ist es, nicht die Menschen aus dem Blick zu verlieren. Jedes Digitalisierungsprojekt besteht zu 80 Prozent aus Organisation und zu 20 Prozent aus Technik. Die beste Technologie bringt keinen Nutzen, wenn die Beteiligten sie nicht verstehen können oder wollen.
O: Wo hast du das denn mit den 80:20 her?
A: Altbekannte Faustregel, kenn´ ich noch aus meinem Studium.
O: Oh.
A: Was soll das *Oh* bedeuten?
O: Dein Studium ist schon ein paar Tage her und mittlerweile hat sich einiges verändert.
A: Tatsachen ändern sich nicht. Glaube es mir.
O: War ein Scherz.
A: Also was muss politisch mehr passieren?
O: Beim Thema Digitalisierung konzentriert sich die Politik aus meiner Sicht – und übrigens auch aus der Sicht unserer Interviewpartner – auf die digitale Verwaltung.
A: Also fehlen noch klare Vorgaben und Standards.
O: In dieser Richtung wurde mit den einschlägigen Gesetzen und Verordnungen bereits wichtige Meilensteine geschaffen. Jetzt gilt es, den Weg so weiter zu gehen.
A: Kennst du Beispiele, die uns hier helfen könnten?
O: Nicht direkt, aber in einigen skandinavischen Ländern sind sie schon sehr viel weiter.
A: Ja, aber dort sind die Voraussetzungen nicht so ohne weiteres mit unseren vergleichbar.
O: Aber hinschauen würde helfen.
A: Was hältst Du von Partizipation?
O: Wie kommst Du denn jetzt darauf?
A: Fiel mir gerade so ein. Darüber haben wir bislang noch gar nicht gesprochen.
O: Naja, die Möglichkeiten wären da.
A: Genau. Hier müsste noch viel mehr gemacht werden.
O: Lass uns später noch einmal darauf zurückkommen.
A: Wie du meinst.

O: Was kommt denn nun schlussendlich auf die Beschäftigten in der Verwaltung zu?
A: Das hängt stark vom jeweiligen Aufgabenbereich ab. Ich habe aus den Interviews gelernt, dass der Anteil an höherwertigen Aufgaben steigen wird und dass IT integraler Bestandteil des Arbeitsalltags ist.
O: Darüber hinaus wird die Eigenverantwortung und Flexibilität zunehmen. Die angesprochene Unabhängigkeit von Ort und Zeit zur Aufgabenerledigung führt dazu.
A: Und was meinst Du, ist die Verwaltung fit für das digitale Zeitalter?
O: Das wird sich noch zeigen. Wenn alles funktionieren soll, muss klar ein, dass die Organisation neu aufgestellt werden muss und ein verändertes Personalmanagement eingeführt wird.
A: Ja, das sehe ich auch so. Hier ist ein konsequentes Prozessmanagement und IT-Anforderungsmanagement gefragt. Sie sind der Schlüssel zu einer erfolgreichen digitalen Transformation.
O: Jetzt habe ich noch einen absoluten Showstopper: Die starren Tarifstrukturen des öffentlichen Dienstes werden dazu führen, dass ganz bald wichtige Schlüsselpositionen nicht besetzt werden können. Das wird zur Überlastung einiger Weniger führen. Hier ist aus meiner Sicht eine Flexibilisierung erforderlich.
A: Da bleibt nur zu hoffen, dass wir hierzu einen positiven Beitrag leisten können.

Die einen sagen: „Keine Panik! In der zunehmend digitalisierten Welt ändert sich zwar vieles, aber nicht alles: Menschen bleiben Menschen und Führung bleibt Führung." (Liebermeister 2017)[1]

Dritte Szene – Merkzettel für Digitalisierungsprojekte

A: Das wäre geschafft.
O: Ja, Interviews fertig, Auswertung fertig, Bericht fertig,
A: Zielbild ist entwickelt.

---
[1] S. a. www.barbara-liebermeister.com. Zugegriffen am 14.08.2019.

O: Hä …?
A: Sorry, das war jetzt eine Verwechselung. Ich meine, Fazit gezogen.
O: Wie kommst du auf Zielbild?
A: Ich habe Dir etwas verheimlicht.
O: Und was?
A: Der nächste Auftrag … aber davon später mehr. Jetzt erstmal ziehen wir unseren Schlussstrich unter diesen.
O: Ich nehme für mich mit, dass die digitale Transformation kein Projekt ist, das irgendwann fertig ist. Es ist stetige Veränderung. Digitale Technologien eröffnen täglich neue Möglichkeiten und schaffen so auch einen Mehrwert für alle.
A: Ist das dein Ernst?
O: Lass uns noch ein paar lose Fäden aufnehmen.
A: Das ist gut. Wollen wir frohe Botschaften verkünden, Werkzeuge beschreiben und Tipps geben?
O: Das ist kein Bastelbuch.
A: Aber was dann? Wir haben die ganze Arbeit doch nicht nur für einen schnöden Bericht gemacht.
O: Also, was schlägst du vor?
A: Ich möchte gerne ein paar Anregungen und Hinweise auch aus den Interviews herausarbeiten.
O: In Hinsicht auf unser Hauptthema?
A: Genau, Digitalisierung und der Faktor Mensch. Ist er Störfaktor oder wichtiges Element?
O: Jetzt wird es physikalisch.
A: Störfaktor, nicht Reaktor.
O: Wasser, Luft und Erde.
A: ??? *(Sie schaut O fragend an.)*
O: Element!
A: Spinner!
O: So, können wir jetzt mal zum Ende kommen?
A: Ja, stellen wir doch noch ein paar Tipps und Hinweise zusammen. Daraus könnte sich auch ein Zielbild …
O: Moment, da ist es wieder.
A: Was meinst Du?
O: Du hast schon wieder Zielbild gesagt.

A: Ähm … Jaa. Also es ist so: Ich habe gehört, dass der nächste Auftrag die Entwicklung eines Zielbildes werden soll.
O: Was kann ich mir darunter vorstellen?
A: Der Mensch im Mittelpunkt der Digitalisierung.
O: Aber das hatten wir doch jetzt.
A: Im Prinzip schon. Aber aus diesen ganzen Fakten ergeben sich weitere Fragestellungen und Ableitungen. Wie kann die ideale Struktur von Digitalisierungsprojekten aussehen? Entwicklung von Check- und To-Do-Listen. Ausarbeitung von Vorgehensstrategien.
O: Wie wäre es mit einem Merkzettel?
A: 10 Tipps zum Umgang mit der Digitalisierung und wie man die Menschen mitnimmt?
O: Zum Beispiel!
A: Dann schauen wir uns doch noch einmal die Interviews an.
O: *(stöhnt und guckt leicht genervt.)* Hättest Du das nicht gleich machen können, als wir uns die Pros und Contras herausgesucht haben?
A: Es gibt doch noch immer etwas Neues zu entdecken.
O: Auch wieder wahr.
A: Also los, Merkpunkt 1.
O: Merkpunkt klingt doof. Ähm, ich meine antiquiert.
A: Eben!

(O blickt verständnislos umher.)

A: Mal etwas anderes.
O: Ah! Antiquiert und anders. Schau mal. Der Google-Translator übersetzt Merkpunkt mit „Wish Point". Das ist wie beim Sams.
A: Bei was?
O: Bei wem! Dem Sams. Paul Maar. Du bist doch sonst immer die Kulturelle unter uns.
A: …
O: Ist ja gut, ich lasse Dir Deine Merkpunkte …
A: Geht doch.

Der Merkzettel
Merkpunkt 1
  Von der ersten Idee an sollten alle Beteiligten einbezogen werden.

Entwickeln Sie eine Vision in Bezug auf die Digitale Transformation. Stellen Sie sich die Frage, „Was möchte ich?" Identifizieren Sie die Prozesse, die bei denen eine Digitalisierung Sinn ergibt und sortieren Sie die Prozesse aus, die sich nicht umsetzen lassen. Merke: Digitalisieren, um der Digitalisierung willen, ergibt keinen Sinn.

Merkpunkt 2

Prozessmanagement ist kein Selbstzweck, aber wichtiges Grundlagenthema der Verwaltungsmodernisierung und des E-Governments.

Der betroffene Prozess ist genau und erschöpfend zu beschreiben. Mindmapping ist ein ausgezeichnetes Instrument für Brainstorming- und Ordnungsprozesse. Suchen Sie sich ein Tool, das über geeignete Schnittstellen verfügt, um die Ergebnisse weiter zu nutzen. Mindjet kann das zum Beispiel.

Mein Tipp: Versuchen Sie es mal analog.

Merkpunkt 3

Eine Umfeldanalyse kann nicht schaden.

Schauen Sie sich um. Sammeln Sie die Erfahrungen von Menschen, die den Prozess, den sie digitalisieren wollen, leben.

Merkpunkt 4

Erarbeiten Sie eine Umsetzungsstrategie, die die Fachbereiche und die IT einschließt. Stellen Sie sich die Frage: Wie möchte ich es erreichen? Definieren Sie eindeutige Aufgaben. Prüfen Sie die technischen, wirtschaftlichen und organisatorischen Voraussetzungen.

Merkpunkt 5

Planen Sie Workshops, Worldcafés oder ähnliches. Nicht jeder mag sie. Sie werden auch Shitstorms ernten. Letztendlich aber ergeben sich gerade in einer solchen Atmosphäre überraschende Ergebnisse. Häufig können Sie Menschen begeistern, die bislang eher skeptisch und ablehnend waren.

Merkpunkt 6

Unterschätzen Sie die Zeitaufwände nicht. Gerade in der öffentlichen Verwaltung fehlen häufig Zeit, Ressourcen und Personen. Da kommt es schnell einmal zur Selbstüberschätzung.

Merkpunkt 7

Gönnen Sie sich den Luxus: Präsentieren Sie ihre Zwischenergebnisse den Beteiligten. Manchmal müssen Sie vielleicht einen Schritt zurückgehen. Der nächste Schritt nach vorne fällt dann aber umso leichter.

Merkpunkt 8
Binden Sie die für Digitalisierungsprojekte in der Verwaltung Verantwortlichen mit ein. Checken Sie die einschlägigen Rahmenvorgaben. Sie werden überrascht sein, was es bereits gibt und nicht mehr entwickelt werden muss. Und wenn es sich um ein System handelt, dass die Bürgerinnen und Bürger nutzen sollen, fragen Sie sie. Nicht alle! Aber schaffen Sie ein Forum. Geht im Internet doch ganz leicht.
(Wie Sie die Kolleginnen und Kollegen einbeziehen, haben Sie ja bereits unter Merkpunkt 4 erfahren.)

Merkpunkt 9
Planen Sie einen laufenden KVP (*kontinuierlichen Verbesserungsprozess*) ein. Leben Sie den PDCA-Zyklus (*Plan-Do-Check-Act*)! Das Leben ist Veränderung. Diesen Spruch kennen alle. Es schadet aber nicht, ihn zu beherzigen.

Merkpunkt 10
Last but not least: Der Mensch denkt nicht in 0 und 1. Betrachten Sie die Logik immer mindestens aus zwei Perspektiven.

O: Was meinst Du denn mit dem letzten Merkpunkt?
A: Die menschliche Logik oder nenn' sie auch Intuition, funktioniert eben anders als ein binäres System. Nicht mehr und nicht weniger.
O: Jetzt ist aber gut.
A: Nein, die Interviews gäben doch eine Menge mehr an Material und Hinweisen.
O: Und was jetzt?
A: Vielleicht wagen wir mal einen Versuch.
O: Wie? Willst du unser Amt etwa tatsächlich digitalisieren?
A: Alleine werde ich es wohl nicht schaffen. Aber ich finde, wir haben uns doch lange genug mit den Bedürfnissen und Forderungen aller Beteiligten und auch aller möglichen Beteiligten befasst.
O: Du spielst auf meinen Taxifahrer an, oder?
A: Öhhm. Nicht nur.
O: Jaja …

A: Es ist eben ein möglicher Beteiligter. Kein *allermöglicher*. Einigen wir uns darauf?
O: Meinetwegen.
A: Komm, ein wenig mehr Enthusiasmus sollte drin sein.
O: Meinetwegen: Gern.
A: Unfassbare Begeisterung erfasst den ganzen Raum.
O: Nun ist aber gut. Verrate mir doch lieber, was du jetzt tatsächlich tun möchtest.
A: Arbeiten. Endlich digital werden. Mit der nötigen Vorsicht und den richtigen Kompetenzen.
O: Kompetente digitale Arbeit?
A: Wäre das nicht wundervoll?
O: Und die künstliche Intelligenz? Braucht der öffentliche Dienst davon nicht auch etwas?
A: Könnte nicht schaden, bestimmt.
O: Künstlich intelligente, kompetente Arbeit, vielleicht?
A: Klingt wie ein Traum.
O: Projekttitel KikA …
A: Du hast aber auch die Gabe, mit ein paar Wörtern alle Hoffnungen zu zerstören.
O: *(wackelt diabolisch mit den Augenbrauen)*
A: Aber dein Digitalpessimismus bringt niemanden voran.
O: Mooooment. Ich bin kein Pessimist. Ich habe nur Mindestanforderungen an Qualität und Sicherheit. Und die bleiben meiner Meinung nach auf der Strecke, weil sich niemand die notwendige Zeit nehmen möchte. Man baut ja auch kein Hochhaus ohne Fundament. Aber das Beispiel hatten wir bereits öfter.
A: Und du glaubst nicht daran, dass die Ämter in der Bundesrepublik auf einem guten Weg sind?
O: Sie sind unbestreitbar auf einem Weg. Und vielleicht sind sie etwas spät losgegangen. Aber dagegen hilft kein Dauersprint. Den hält nämlich niemand durch. Man kann ja zügig gehen und dann noch ohne zu trödeln. Vollkommen einverstanden und das ist auch wichtig. Komplett abhängen lassen dürfen wir uns nicht. Aber ich bleibe dabei, dass niemand etwas davon hat, wenn der öffentliche Dienst barfuß und untrainiert in die falsche Richtung rennt, keinen

	Proviant dabei hat und noch immer keine Idee hat, warum er überhaupt losgerannt ist. Außerdem ist das ein Gruppenlauf und keine Einzelveranstaltung. Es hat letztlich auch niemand etwas davon, wenn einzelne mit Leuchtfeuerprojekten lossprinten. Ich rede über Schnittstellen, Kompatibilität, einheitlichem Bürgererlebnis. Man muss aus der User Experience ein unified citizen experience machen. Der Bürger in Boppard sollte sich auch unmittelbar in Berlin zurechtfinden und umgekehrt. Und er sollte sich überall auf die gleichen Sicherheitsstandards verlassen können.
A:	Oder sie.
O:	Ja, oder wie auch immer. Geringe Zugangshürden für alle. Notwendig hohe Sicherheitsstandards. Interoperabilität und auch den Datenschutz in seinem positiven Sinne nicht vergessend. So muss das.
A:	Siehste!
O:	Bitte?
A:	Das war doch eine gute Zusammenfassung unserer ganzen Gespräche. Und aus deinem „so muss das" machen wir eine Bedienungs-/Benutzungsanleitung für die erfolgreiche Digitalisierung von Ämtern und Kommunen.
O:	Ist die Napoline in dir erwacht?
A:	Häh?!
O:	Du machst das jetzt ein bisschen groß!
A:	Ja. Natürlich. Groß, aber eben nicht wahnsinnig.
O:	Ich bin ja schon zufrieden, wenn man etwas Vernunft und Intelligenz in die deutschen Digitalisierungsprojekte bringt.
A:	Künstliche Vernunft? Klingt nach einer neuen Forschungsdisziplin.
O:	Meinetwegen. Wenn die dazu beiträgt, dass nicht nur um des Digitalisierens Willen digitalisiert wird, dann unterstütze ich das gern.
A:	Oh. Eine zustimmende Aussage. Ich glaube es fast nicht.
O:	Ja. Aber wir müssen ja auch irgendwann zum Ende kommen und das wirst du nicht, wenn ich dir nicht ein Stück entgegenkomme.
A:	*(schaut streng)*
O:	Ist doch so.
A:	*(schaut strenger)*
O:	Wirklich!

A: *(zieht die Augenbrauen noch weiter zusammen).*
O: Mach einen Gegenvorschlag.
A: *(schnippisch)* Nö.
O: Gut. Dann nicht. Aber sind wir dann jetzt hier fertig?
A: Mit den Ausgangsüberlegungen. Ja.
O: Na immerhin. Dann können wir ja den Schlussstrich ziehen. Ich sag nur Merkzettel.
A: *(malt einen langen Strich auf ihr Surface.)*
O: Der digitale Schlussstrich. Endlich eine echte Innovation.
A: Malt einen stilisierten Totenkopf auf ihr Tablet. ☠

Der Rest des Dialogs ist leider nicht mehr überliefert.

Der Fragebogen

Der Fragebogen wurde ernsthaft erarbeitet und stellte die Grundlage für unsere fiktiven Interviews. In Gänze kann er sicher eingesetzt werden, um einiges über Menschen in dem Umfeld zu erfahren, das man verändern möchte.

Fragebogen – Die Digitalisierung und der Faktor Mensch

Zum Einstieg: Das Internet
1. Seit wann nutzen Sie das Internet beruflich/privat
   Seit 19..   Seit 20..
2. Wie häufig nutzen Sie beruflich das Internet?
   - … Ständig, fast die ganze Zeit
   - … Mehrmals täglich
   - … Einmal am Tag
   - …Mehrmals in der Woche
   - … Einmal in der Woche
   - … Seltener
   - … Gar nicht
     (Nachfrage: warum nicht: _____)
3. Und wie hat sich die Nutzungsdauer in den letzten Jahren beruflich und privat verändert? Nutzen Sie das Internet heute …
   - … viel häufiger,
   - … etwas häufiger,
   - … etwas seltener,
   - … viel seltener oder
   - … ist die Nutzungsdauer mehr oder weniger gleich geblieben?
   - … bin nicht online
4. Wie häufig nutzen Sie soziale Netzwerke wie z. B. Facebook, Xing, LinkedIn oder Google+ für Ihre berufliche Kommunikation?
   - … Ständig, fast die ganze Zeit
   - … Mehrmals täglich
   - … Einmal am Tag
   - … Mehrmals in der Woche
   - … Einmal in der Woche
   - … Seltener
   - … Nie

Die Digitalisierung und die Arbeitswelt

5. In der Arbeitswelt und im Privatleben bestimmt die Digitalisierung viele Bereiche unseres Lebens. Wie ist Ihre Einschätzung: Bringt der digitale Wandel eher Chancen oder eher Risiken für die Gesellschaft mit sich?
   - … Digitaler Wandel bringt eher Chancen
   - … Digitaler Wandel bringt eher Risiken
   - … Beides gleichermaßen
6. Und wie stehen Sie persönlich dem zunehmenden Einsatz von Computern und dem Internet im beruflichen Alltag gegenüber?
   - … Sehr positiv
   - … Eher positiv
   - … Eher negativ
   - … Sehr negativ
   - … Neutral/ ambivalent
7. Würden Sie sagen, dass Deutschland die Chancen des digitalen Wandels bereits ausreichend nutzt oder hat Deutschland hier noch Nachholbedarf?
   - … Deutschland nutzt die Chancen des digitalen Wandels bereits ausreichend
   - … Deutschland hat noch Nachholbedarf
   - … Weiß nicht
8. Welche Qualifikationen und Fähigkeiten sind Ihrer Meinung nach in der Arbeitswelt von morgen gefragt?
   Nehmen Sie die folgende Kategorisierung vor
   - … sehr wichtig
   - … wichtig
   - … weniger wichtig
   - … unwichtig

   Bezüglich:
   a. Gute Fachkenntnisse
   b. Bereitschaft zur Fort- und Weiterbildung
   c. Technisches Verständnis und Computerkenntnisse
   d. Kommunikationsstärke
   e. Soziale Kompetenz

     f. Hoher Bildungsabschluss
     g. Leistungsbereitschaft
     h. Gute Allgemeinbildung
     i. Durchsetzungsvermögen
     j. Flexibilität, auf Neues reagieren zu können
9. Wie zufrieden sind Sie mit Ihrem aktuellen Arbeitsplatz
- … Sehr zufrieden
- … Zufrieden
- … Eher nicht zufrieden
- … gar nicht zufrieden

10. Wie wichtig sind aus Ihrer Sicht folgende Merkmale der Arbeit?
- Nehmen Sie die folgende Kategorisierung vor und
  … sehr wichtig
- … wichtig
- … weniger wichtig
- … unwichtig

… bewerten Sie in einem zweiten Schritt, inwieweit diese Merkmale auf Ihre aktuelle Arbeitssituation zutrifft.
- … trifft voll und ganz zu
- … trifft eher zu
- … trifft eher nicht zu
- … trifft überhaupt nicht

     a. Eine Arbeit, die Spaß macht.
     b. Ein angemessenes Einkommen.
     c. Ein sicherer Arbeitsplatz.
     d. Eine gute Vereinbarkeit von Privatleben und Beruf.
     e. Fort- und Weiterbildungsmöglichkeiten.
     f. Ein gutes Verhältnis zu Vorgesetzten und Kollegen.
     g. Anerkennung und Wertschätzung der eigenen Arbeit.
     h. Selbstständiges und eigenverantwortliches Arbeiten.
     i. Freizeit-/ bzw. Lohnausgleich bei Überstunden.
     j. Flexible Arbeitszeiten.
     k. Möglichkeit für Home-Office/Telearbeit.
     l. Aufstiegsmöglichkeiten

11. Wenn es um das Verhältnis von Arbeitszeit und Freizeit geht, welche der drei folgenden Möglichkeiten passt am ehesten zu Ihnen persönlich?
    - … Arbeit steht für mich an erster Stelle
    - … Arbeit ist zwar wichtig, Freizeit und Familie sind aber ebenso wichtig
    - … Arbeit hat für mich nur eine untergeordnete Bedeutung, Freizeit und Familie sind mir wichtiger
12. Durch die zunehmende Digitalisierung hat sich ja vieles im Arbeitsleben verändert. Wie stark hat sich Ihr Arbeitsplatz alles in allem verändert?
    - … Sehr stark
    - … Stark
    - … Weniger stark
    - … Gar nicht
13. Inwieweit erleben Sie die nachfolgenden Veränderungen bei Ihrer Arbeit durch die zunehmende Verwendung von Computern und Internet? Sie können jeweils mit trifft voll und ganz zu, trifft eher zu, trifft eher nicht zu, trifft überhaupt nicht zu antworten.
    a. Ich kann meine Arbeit flexibler einteilen.
    b. Meine Arbeit ist anspruchsvoller geworden.
    c. Ich kann schneller und effizienter arbeiten.
    d. Die Arbeit wird transparenter.
    e. Ich fühle mich häufiger überfordert.
    f. Ich muss ständig erreichbar sein.
    g. Ich kann einfacher verschiedene Kommunikationswege nutzen.
    h. Der Arbeitsdruck hat zugenommen.
    i. Die zu verarbeitende Informationsmenge nimmt immer mehr zu.
    j. Ich habe mehr Kontakte zu meinen Vorgesetzten und Kollegen.
    k. Ich bin zunehmend abgelenkt von meiner eigentlichen Tätigkeit.
    l. Ich kann mir besser einteilen, wo und wann ich arbeite.

14. Wenn Sie an die Herausforderungen durch die Digitalisierung denken: Sind Sie da der Meinung, ihr Arbeitgeber tut genug, um auf dem neuesten Stand zu sein?
    - … Tut genug
    - … Hat Nachholbedarf
    - … Kann ich nicht beurteilen
    - … Weiß nicht
15. Was meinen Sie, werden durch die zunehmende Digitalisierung Arbeitsplätze geschaffen oder fallen Arbeitsplätze weg oder ändert sich da in der Summe nicht so viel?
    - … Es werden eher Arbeitsplätze geschaffen.
    - … Es fallen eher Arbeitsplätze weg
    - … Es ändert sich in der Summe nicht so viel
16. **Könnte Ihr Arbeitsplatz durch die Folgen der Digitalisierung in absehbarer Zeit ersetzt werden?**
    - … Ja
    - … Nein
    - … Weiß nicht
17. **Zum Thema Flexibilisierung der Arbeit haben wir zwei Meinungen gehört. Welcher Meinung stimmen Sie eher zu? Flexibilisierung der Arbeit bedeutet für mich vorrangig…**
    - … Mehr Freiheit, die Arbeit selbst zu gestalten
    - … Mehr Druck, ständig verfügbar zu sein
    - … Sowohl als auch

Digitalisierung, Politik und Bildung

18. Wenn es um die Arbeit von morgen geht, ist Ihrer Meinung nach die Politik generell gefordert, aufgrund der Veränderungen durch die Digitalisierung neue Rahmenbedingungen zu schaffen oder halten Sie das für nicht notwendig?
    - … Politik ist gefordert, neue Rahmenbedingungen zu schaffen
    - … Ist nicht notwendig
    - … Kann ich nicht beurteilen

19. Durch die Digitalisierung verändern sich die beruflichen Anforderungen. Was meinen Sie: Bereiten die Schulen alles in allem die Schülerinnen und Schüler auf diese neuen Anforderungen des Arbeitsmarktes gut vor oder müssten sie mehr tun? Und woran denken Sie da genau?
    - … Schulen bereiten gut vor
    - … Schulen müssten mehr tun
    - … Weiß nicht
20. Was müsste Ihrer Meinung nach an den Schulen verbessert werden? Mehrfachnennungen sind möglich
    - … Die Lehrinhalte sollten den neuen Anforderungen angepasst werden.
    - … Die Schulen sollten besser mit Computern und Internet ausgestattet werden.
    - … Im Unterricht sollten Computer und Internet stärker zum Einsatz kommen.
    - … Die Lehrer sollten im Umgang mit Computern und Internet besser ausgebildet werden.
21. Nur noch eine Frage zum Schluss: Ist die Verwaltung heute gut gerüstet für die digitale Transformation und wird sie den Ansprüchen gerecht?
    - … Die Verwaltung ist auf einem guten Weg.
    - … Die heutige Verwaltung wird dem kulturellen Wandel der Gesellschaft gerecht.
    - … Es besteht noch erheblicher Nachholbedarf
    - … Die Verwaltung agiert an der Realität vorbei
    - … Ich bin mir nicht sicher
    - … Ich weiß es nicht.

Und jetzt noch bitte ein paar Angaben für die Statistik und Demographie

- Wie alt sind Sie: …. Jahre
- Geschlecht   … weiblich …. Männlich …. Divers

- Bildung
  - ... Hauptschule
  - ... Mittlerer Schulabschluss
  - ... Abitur/Fachabitur
  - ... Berufsausbildung
  - ... Studium
- Sind Sie gegenwärtig erwerbstätig
  - ... Vollzeit
  - ... Teilzeit
  - ... Frei beruflich
  - ... im öffentlichen Dienst   angestellt   verbeamtet
  - ... Fachabteilung   ... Querschnitt/Zentraler Service
  - ... Privatwirtschaft
  - ... Dienstleistungsbranche   ... Produzierendes Gewerbe

Monatliches Nettoeinkommen
- ... bis 1000 €
- ... bis 2000 €
- ... bis 3000 €
- ... mehr als 3000 €

Literatur

Beck, R., et al. (o.J.). *Digitale Transformation der Verwaltung Empfehlungen für eine gesamtstaatliche Strategie.* https://www.bertelsmann-stiftung.de/fileadmin/files/Projekte/Smart_Country/DigiTransVerw_2017_final.pdf. Zugegriffen am 11.11.2019

Busch, U. (2017). Wie aktuell ist Marx' Kapitalismusbegriff in Zeiten der Digitalisierung? In D. Janke, J. Leibiger, & M. Neuhaus (Hrsg.), *Marx' „Kapital" im 21. Jahrhundert* (S. 51–72). Leipzig: Rosa-Luxemburg-Stiftung Sachsen e.V. https://nbn-resolving.org/urn:nbn:de:0168-ssoar-61552-8. Zugegriffen am 14.08.2019.

Djeffal, C. (2018). *Künstliche Intelligenz in der öffentlichen Verwaltung* (11/2018) Bericht Nr. 3. Berlin: Nationales E-Government Kompetenzzentrum e.V.

Heuermann, R., et al. (2018). *Digitalisierung in Bund, Ländern und Gemeinden.* Berlin: Springer.

Hofmann, B. (2017). Digitalisierung ändert die Arbeitswelt der Frauen – eine umfassende. Analyse zu Auswirkungen und Ableitungen. *Politik Aktuell, 4,* 1–7. https://www.renner-institut.at/fileadmin/user_upload/downloads/Politik_Aktuell/Politik_aktuell_4-2017_Digitalisierung_aendert_die_Arbeitswelt_der_Frauen.pdf. Zugegriffen am 11.11.2019

Jenzowsky, S. (1996). *Ansätze zur empirischen Untersuchung des Persona-Konzeptes für fiktionale Figuren.* https://link.springer.com/chapter/10.1007/978-3-322-83274-0_7. Zugegriffen am 14.08.2019.

Kommission für Digitalisierung im Alltag. http://www.d-g-v.org/kommissionen/digitalisierung-im-alltag. Zugegriffen am 14.08.2019.

Könneker, C. (2017). *Unsere digitale Zukunft. In welcher Welt wollen wir leben.* Berlin/Heidelberg: Springer.

Liebermeister, B. (2017). *Digital ist egal. Mensch bleibt Mensch. Führung entscheidet.* Offenbach: Gabal.

Nerdinger, F. W., Blickle, G., & Schaper, N. (2014). *Arbeits- und Organisationspsychologie* (3., vollst. überarb. Aufl.). Heidelberg: Springer Medizin.

Rosecker, M. (2017). Digitale Arbeit und Politik. Welche Auswirkungen hat „Arbeit 4.0" auf die Arbeitswelt und die Politik? *Politik Aktuell, 3*, 1–6. https://www.renner-institut.at/fileadmin/user_upload/downloads/Politik_Aktuell/Politik_aktuell_3-2017_Digitale_Arbeit_und_Politik.pdf. Zugegriffen am 11.11.2019

Söndermann, M. (2017). *Digitalisierung in der Kultur- und Kreativwirtschaft.* https://kreativ-bund.de/wp-content/uploads/2017/04/Dossier_Digitalisierung.pdf. Zugegriffen am 14.08.2019.

Speyer. (2016). *Martini, Digitalisierung als Herausforderung und Chance für Staat und Verwaltung.* http://www.foev-speyer.de/files/de/fbpdf/_vti_cnf/DP-085.pdf. Zugegriffen am 14.08.2019.

Spitzer, M. (2014). *Digitale Demenz. Wie wir uns und unsere Kinder um den Verstand bringen.* München: Droemer Knaur.

Spitzer, M. (2017). *Cyberkrank! Wie das digitalisierte Leben unsere Gesundheit ruiniert.* Ulm: Droemer Knaur.

Links zum Thema

http://www.gesetze-im-internet.de/de-mail-g/.

http://www.renner-institut.at/fileadmin/user_upload/downloads/Politik_Aktuell/Politik_aktuell_3-2017_Digitale_Arbeit_und_Politik.pdf.

http://www.renner-institut.at/fileadmin/user_upload/downloads/Politik_Aktuell/Politik_aktuell_4-2017_Digitalisierung_aendert_die_Arbeitswelt_der_Frauen.pdf.

http://www.usability-toolkit.de/usability-methoden/personas/.

https://www.berlin.de/sen/inneres/moderne-verwaltung/digitalisierung/ikt-infrastruktur/.

https://www.berlin.de/sen/inneres/moderne-verwaltung/digitalisierung/ikt-regelwerk/.
https://www.bmbf.de/de/wissenswertes-zum-digitalpakt-schule-6496.php.
https://www.bmi.bund.de/DE/themen/moderne-verwaltung/e-government/e-government-gesetz/e-government-gesetz-node.html.
https://www.mindshape.de/kompetenzen/website-optimierung/website-konzeption/persona-konzept.html.
https://www.springerprofessional.de/mensch-maschine-interaktion/kommunikation/wie-viel-digitalisierung-ertraegt-der-mensch-/14971156.

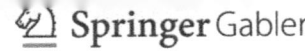

springer-gabler.de

Kluge Bücher

Jetzt bestellen: springer-gabler.de

The manufacturer's authorised representative in the EU is Springer Nature Customer Service Centre GmbH, Europaplatz 3, 69115 Heidelberg, Germany. If you have any concerns regarding our products, please contact ProductSafety@springernature.com

Printed and bound by CPI Group (UK) Ltd, Croydon, CR0 4YY
25/03/2026
02078195-0007